Kurt Tepperwein

Lebe dein Selbst

W0179117

Kurt Tepperwein

Lebe
dein
Selbst

START · ZIEL

Die Kunst der
Selbstverwirklichung

|||||||||||||||||||||||||||||||||||||||||| SILBERSCHNUR VERLAG

ISBN: 978-3-89845-586-2

1. Auflage 2018

Gestaltung & Satz: XPresentation, Güllesheim
Umschlaggestaltung: XPresentation, Güllesheim; unter Verwendung verschiedener Motive von © -strizh-, © Michelle Patrick, www.shutterstock.com
Druck: Finidr, s.r.o. Cesky Tesin

Verlag »Die Silberschnur« GmbH · Steinstr. 1 · 56593 Güllesheim
www.silberschnur.de · E-Mail: info@silberschnur.de

INHALTSVERZEICHNIS

VORWORT

In meiner Arbeit als Unternehmensberater habe ich viele erfolgreiche Menschen kennengelernt. Ich bin Unternehmern begegnet, die ein Imperium souverän leiten oder sich auf dem politischen Parkett beweisen. Ich habe mit Menschen gesprochen, die über derart beeindruckend viel Wissen verfügen, dass sie bei den vielschichtigsten Themen brillieren. Die komplexeste Aufgabe ist jedoch, das eigene Leben sinnvoll zu gestalten. Viele erfolgreiche Unternehmer scheitern gerade daran. Sie machen zwar ihre Sache in Büros, Manufakturen, auf Baustellen, in Ordinationen, oder wo auch immer, Tag für Tag sehr gut – und scheitern in ihrem persönlichen Leben. Während sie in Spitzenpositionen ihre volle Leistung erbringen, übersehen diese erfolgreichen Menschen oft, dass es neben dem Beruf auch noch ein Leben gibt. An dem leben sie im wahrsten Sinne des Wortes vorbei. Dass in ihrem Leben im wahrsten Sinne des Wortes etwas *schief*läuft, merken sie meistens erst zu spät. Oft stehen sie bereits vor einem Aus in der Partnerschaft, die Gesundheit spielt nicht mehr mit, oder die Unzufriedenheit nimmt zu. Vielleicht kommt daher die berühmte Meinung, dass Geld nicht glücklich macht? Sind Menschen, die über großen Reichtum verfügen, tatsächlich häufiger unglücklich? Aber so einfach ist das natürlich nicht. Geld allein macht zwar nicht glücklich, aber ohne Geld ist man auch nicht zwangsläufig glücklicher. Vielmehr ist es die Einstellung zum Leben und wie dieses gestaltet wird, was ein gutes Leben beschert.

In meiner Aufgabe als Lebensberater bin ich aber auch vielen wissenden, begabten und erfolgreichen Menschen begegnet, die angestellt waren oder einen weniger anspruchsvollen Job ausübten. Sie sind genauso gefordert und leisten nicht weniger, nur weil ihr Gehalt knapper ausfällt. Sie haben zwar nicht studiert, müssen im Leben aber auch über sehr vieles nachstudieren. Damit möchte ich sagen, dass es für mich keinen Unterschied macht, welchen Job jemand ausübt, was er praktiziert oder gelernt hat. Fakt ist, dass wir alle vor derselben Hauptlebensaufgabe stehen und gefordert sind. Je mehr wir wissen, umso mehr steht uns auf dem Weg zu uns selbst im Weg. Menschen, die weniger wissen, tun sich sogar oft leichter, sich ihrem Innenleben zu öffnen, weil sie nicht so sehr verbogen und programmiert sind.

Wenn wir daran denken, dass wir bereits als vollkommenes, allwissendes Wesen in diese Welt geboren werden, ist es doch sehr verwunderlich, warum dennoch so viele Menschen unglücklich und krank sind. Wer hat nun Schuld? Nun, wir können nicht von Schuld sprechen, sondern nur davon, dass wir wesentliche Funktionen unseres Daseins nicht erkennen und nutzen. Der Verstand kann auf die wirklich wichtigen Lebensaufgaben oft keine brauchbaren Antworten geben. Er mag recht hilfreich sein, wenn es darum geht, in der Schule den Unterrichtsstoff zu lernen, bei Entscheidungen das Pro und Kontra abzuwägen und strategisch das im Laufe der Zeit erlernte Wissen zu verknüpfen und anzuwenden. Alleiniger Ratgeber aber sollte der Verstand bei Entscheidungen nicht sein, ganz gleich ob es um die Berufswahl, diese oder jene Wohnung, den Urlaub am Meer oder in der Stadt geht. Ja, sogar in Liebesbeziehungen lassen wir uns oft von unserem Verstand an der Nase herumführen. Wir übersehen aufgrund der sehr überzeugenden intellektuellen Argumente die warnenden Hinweise und Zeichen, die sich in unserem

Inneren bemerkbar machen. Vielleicht kennen Sie das sogar, dass Sie sich im Nachhinein schon mal gedacht haben: »Ich hatte von Anfang an schon ein komisches Gefühl.« Selbstvorwürfe helfen jedoch auch nicht, wenn wir einmal eine Entscheidung getroffen haben, die sich nicht mehr rückgängig machen lässt. Außerdem sind wir großteils so erzogen worden, dass wir Zahlen, Daten und Fakten mehr Beachtung schenken als unserem Gefühl. Das lässt sich nicht so einfach abschütteln.

Wir wollen dem Verstand nicht jegliche Kompetenz absprechen. Selbstverständlich ist er sehr hilfreich, aber eben nicht ausschließlich. Wie schon erwähnt, hilft er uns dabei, Wissen anzueignen, zu speichern und schließlich angemessen anzuwenden. Doch in vielen Belangen sind wir besser bedient, wenn wir unser Herz sprechen lassen.

Ich möchte Ihnen in diesem Buch eine neue Art des Seins aufzeigen, die viele Möglichkeiten für eine harmonische Lebensführung berücksichtigt. In alltagstauglichen Methoden und Beispielen werden Sie Schritt für Schritt an Ihre Intuition herangeführt. So können Sie Entscheidungen treffen, die Sie auch wirklich treffen wollen. Ihr Körper gibt Ihnen ständig Botschaften. Er zeigt Ihnen, ob etwas gut oder weniger gut ist und dass Sie Ihren Verstand als mentale Kraft in Ihrem Leben sinnvoll einsetzen können. Sie werden sich selbst neu kennenlernen und eine spannende Reise absolvieren. Gehen Sie vom passiven Sein in ein aktives Tun über, indem Sie das Gelesene anwenden und tatsächlich umsetzen. Mitzumachen ist das A und O, um erfolgreich zu sein. Nehmen Sie Ihre Fähigkeiten wahr, um sie vollumfänglich zu entfalten. Stagnation und Lethargie waren gestern, heute beginnt ein neues Leben.

Ich wünsche Ihnen viel Spaß dabei, sich selbst zu entdecken.
Ihr Kurt Tepperwein

WAS ICH MIR WÜNSCHE UND VON DIESEM BUCH ERWARTE:

Notieren Sie sich hier bitte Ihre Gedanken zu folgenden zwei Fragen und lesen Sie bitte erst weiter, wenn Sie diesen Schritt getätigt haben. Am Ende des Buches wird es dazu ein paar wichtige Impulse geben. Danke, dass Sie diesen Punkt ernst nehmen und nicht überspringen.

Was erwarte ich von diesem Buch?

_____

_____

_____

_____

_____

_____

_____

_____

_____

_____

_____

_____

Welche Ziele und Wünsche habe ich noch?

WER LIEST DIESES BUCH?

Dass wir beim Lesen fast ausschließlich unseren Verstand nutzen, ist eine antrainierte Gewohnheit. Dass das so ist, hat mehrere Gründe. Einer davon ist der, dass wir uns dabei nicht selbst einbeziehen. Das tun wir übrigens auch beim Spaziergehen nicht oder wenn wir uns mit anderen Menschen unterhalten. Wir gehen davon aus, dass wir da sind und wir »wir« sind, und aus dieser Perspektive heraus erleben wir die Welt. Somit nehmen wir uns in Situationen als selbstverständlich anwesend, aber nicht bewusst wahr. Wenn wir ein Buch in den Händen halten, sehen wir unsere Hände nicht, obwohl sie unübersehbar die Seiten umklammern. Der Verstand versucht das Gelesene zu erfassen. Er will es verstehen, um daraus einen Nutzen zu erzielen. Er hofft auf Antworten oder auf Lösungen seiner Probleme. Ein witziger Gedanke, dass Buchstaben Probleme lösen können.

Ein Buch ist ein Wegweiser und zeigt uns keinen begehbaren Weg, der für den Körper bestimmt ist, sondern die Richtung nach innen auf. Dort wo Probleme entstehen, sind auch die Lösungen zu finden, und das kann nicht auf der materiellen Ebene sein. Nirgendwo sonst – als in uns selbst – werden wir auf einen Ausweg stoßen.

Wer liest dieses Buch überhaupt? Ich meine nicht, wie viele und welche Sorte von Menschen, sondern beziehe mich auf Sie.

Wer sind Sie? Wer liest? Wer nimmt wahr?

Wer glaubt das Gelesene zu verstehen oder nicht zu verstehen? Und was genau haben Sie mit Ihrem Gedankengut zu tun?

Wer ein Buch immer wieder liest, kommt dem Geheimnis auf die Schliche, wie man darin sich selbst entdecken kann. Am Ende des Buches finden Sie noch ein paar Worte dazu. Aber jetzt lassen Sie sich fallen und begeben Sie sich mit mir auf eine spannende Reise, bei der es kein Rückfahrtticket gibt.

ETWAS LÄUFT SCHIEF

Das Denken ist natürlich unumgänglich, doch nutzen wir nur einen Teil davon. Obwohl es sehr begrenzt ist, ist es in seiner Funktion nicht weniger phänomenal. Wir orientieren uns meist an Fakten, Tatsachen und an Gegebenheiten, anstatt uns selbst Umstände zu erschaffen und zu gestalten, wie sie uns dienlich sind. Wir nehmen im Außen etwas wahr, was dann zu unserem Maßstab wird. Wir können durch Gedanken aber auch beliebige Situationen selbst erschaffen. In meinem Buch »Ihr Zauberstab Gedankenkraft« habe ich bereits über das gezielte Einsetzen von mentalen Kräften berichtet. In vielen weiteren meiner Bücher ist dies ein grundlegender Baustein für Selbstverwirklichung oder das Umsetzen von Zielen und Erreichen von Wünschen. Befreien wir uns von der begrenzten Sicht und vom Glauben, dass Gegebenheiten das höchste Maß aller Dinge sind und wir uns mit ihnen abfinden müssen.

Sie stehen mitten im Job, alles läuft wie am Schnürchen und Sie sind die Karriereleiter erfolgreich hinaufgestiegen. Und plötzlich sieht alles ganz anders aus. Die Gesundheit spielt nicht mehr mit, und die Krankheit veranlasst einen dazu, das Leben zu hinterfragen. War das alles? Habe ich mein Leben jemals richtig geführt? Hätte ich etwas anders machen können? Worauf habe ich nicht geachtet?

Vielleicht haben Sie Ihren Job gut ausgeführt oder sogar Ihren eigenen Betrieb hervorragend geführt, aber das Unternehmen Leben scheint dabei zu kurz gekommen zu sein. Egal welche Probleme wir auch immer haben, der Verstand kann uns hierbei keine große Hilfe sein. Er kann nur auf angelerntes und erlebtes Wissen zurückgreifen, er ist wie ein Computer, der sich auf Animationen bezieht, die in ihm enthalten sind. All diese abgespeicherten Geschichten sind nutzlos, wenn die Intuition nicht zum Tragen kommt. Es gibt da eine innere Stimme, auf die wir alle Zugriff haben. Wir haben nur vergessen, sie zu benutzen, und somit ist sie stillgelegt. Sie kann aber jederzeit wieder zum Leben erwachen, wenn wir uns ihr zuwenden und sie um Hilfe bitten. Wer in den engen Grenzen seiner Erfahrungen stecken bleibt, wird auf die wirklich wichtigen Fragen des Lebens keine brauchbaren Antworten finden. Die Wertschätzung, die der Verstand genießt, steht in keinem Verhältnis zu seiner begrenzten Leistung. Die Dominanz des Verstandes ist auch nicht schöpfungsgerecht, und so sollten wir dem Verstand die alleinige Führung absprechen. Er war der Aufgabe ohnehin nie wirklich gewachsen.

Irgendwie schaffen wir es eine gewisse Zeit, uns ausschließlich mithilfe des Verstandes durchs Leben zu mogeln. Irgendwann aber stoßen wir an eine Grenze und bemerken, dass uns der Verstand nicht mehr weiterhelfen kann. Zumindest nicht im Alleingang. Er braucht zumindest einen Verbündeten. Das ist die innere Stimme, das Herz, das sich über das Gefühl definiert und uns über Impulse den Weg weisen kann.

Meine Einsichten über meine momentane Lebenssituation:

ÜBER DIE GEDANKENENERGIE

Der Verstand ist ein wertvolles und äußerst nützliches Werkzeug, wenn wir es richtig nutzen. Er ist in vielen Belangen eine große Hilfe, und in manchen steht er uns eher im Weg. Das haben Sie sicher auch schon bemerkt. Wie gerne bleibt das Denken in den engen Grenzen seiner Erfahrung stecken, wenn es um wirklich wichtige Fragen des Lebens geht. Oft hat er keine brauchbare Antwort parat, wenn wir wirklich eine bräuchten. Wir sollten hier wie folgt unterscheiden:

- Die Energie des Denkens
- Die Qualität, also der Inhalt des Denkens

Denken ist Energie. Es ist eine außerordentliche Kraft, die wir nicht unterschätzen sollen. Gedanken sind Kräfte, die Materie, Umstände und das sogenannte Schicksal formen. Jeder einzelne Gedanke verursacht etwas, dessen Wirkung wir erfahren werden. Kein Gedanke geht verloren. Alles ist sozusagen auf einem unsichtbaren, universellen Computer abgespeichert. Jederzeit sind alle Informationen für den abrufbar und einsehbar, der das Spiel des Lebens durchschaut hat.

Die Energie des Denkens wird sichtbar und tritt nach außen. Daraus ergibt sich eine Welt, die über Sinne erlebbar wird. Der Inhalt eines Gedankens hingegen ist anders. Der kann vielfältig sein und hat erhebliche Kräfte, doch auch ohne Inhalt kann der Verstand genutzt werden. Wenn wir uns auf etwas konzentrieren, kann der Gedanke »leer« sein. Geschieht das, indem ich nur meine Aufmerksamkeit auf etwas lenke, entsteht keine direkte Manipulation. Wenn ich aber die Inhalte einsetze und gezielt lenken will, ist eine klare Absicht dahinter. Diese Absicht ist eine Wirkung, der einer Ursache folgt. Ein Gedanke ohne Inhalt verfolgt keine Absicht, sondern vertraut nur durch das Lenken von Energie auf das Bestmögliche. Ohne Gedankeninhalt kann die Gedankenkraft also ebenfalls eingesetzt werden, doch sie erwartet und beabsichtigt nichts. Wer dem Leben vertraut, braucht sich weder etwas zu wünschen noch ein Ziel zu verfolgen. Er nimmt das an, was ihm das Leben schenkt, und er weiß in jedem Fall, dass es zu seinem Besten ist. Auch wenn das Ergebnis nicht so prickelnd und schön sein sollte.

Natürlich kann ich Gedanken gezielt steuern und damit Dinge erreichen. Es stellt sich die Frage, ob das sinnvoll ist. Es geschieht in der Folge dessen zwar etwas, was man sich gewünscht oder herbeigesehnt hat, aber das, was für uns bestimmt gewesen wäre, ist nicht eingetroffen.

Ich erkläre es mal andersherum: Das Leben ist ein Labyrinth. Irgendwann kommen wir alle am Ziel an. Dort erkennen wir, dass es nie einen Weg gegeben hat. Wir entdecken, dass wir immer schon am Ziel waren und diesen Weg nur scheinbar gegangen sind. Bis dahin können wir Millionen Umwege machen. Viele davon ergeben sich aus unseren Vorstellungen und Wünschen. Wir können uns die meisten Umwege sparen, wenn wir den Weg direkt beschreiten.

Nun stellt sich vielleicht die Frage, was das für einen Sinn macht?

Es ist doch schön, Wünsche zu verwirklichen und Dinge zu erleben, die uns Freude bereiten. Ja, es ist auch schön, allerdings nur bedingt. Alles, was uns Freude bereitet, kann nur von kurzer Dauer sein, weil die wahre Freude nun mal nicht in der Materie zu finden ist. Wenn wir uns genug vergnügt und immer wieder bemerkt haben, dass wir dabei nicht glücklich geworden sind, werden wir uns automatisch für einen »umwegfreien« Weg entscheiden. Der »umwegreiche« Weg ist ja nicht nur mit Freude ausgestattet, sondern auch mit vielen Problemen, Schwierigkeiten und Schmerzen. Sie kommen und gehen, gleich wie das Gefühl von Zufriedenheit kommen und gehen wird. Wenn wir am vermeintlichen Ziel angekommen sind, sind wir immer zufrieden, ganz gleich, was geschieht. Wir sind dann emotional nicht mehr von den Umständen abhängig. Nichts kann uns beeinflussen und uns das Glück madig machen. Der Unterschied ist nämlich der, dass wir dann nicht glücklich sind, wie wir es jetzt ab und an erleben, sondern uns selbst als Glück erfahren. Das ist eine Frage des Erlebens, erklärt werden kann es nicht. Wir können uns nicht vorstellen, wie eine tropische Frucht schmeckt, die wir noch nicht gegessen haben. Es geht um die Erfahrung, die unabdingbar ist.

Meine Einsichten zu den Gedanken:

LERNEN GEHT AUCH ANDERS

Wir alle haben schon viel gelernt. In der Schule haben wir uns zum Auswendiglernen gezwungen. Dem einen fiel es leichter, dem anderen etwas schwerer. Irgendwie haben wir alle unseren Weg gefunden, unsere Schulzeit abzusitzen.

Wir sind so programmiert oder besser gesagt programmieren uns so, dass wir durch Hinzufügen von Wissen unsere Kompetenz, unser Ansehen und unseren Marktwert steigern. Das Lernen bezieht sich aber nicht nur auf Wissen, Schule, Studium oder Job, sondern natürlich auch auf die richtige Lebensführung.

Alles Wissen der Welt ist in seiner Essenz irgendwo abgespeichert. Das muss so sein, da es keinen neuen Gedanken gibt. Alles, was wir denken, muss schon einmal gedacht worden sein oder ist bereits energetisch vorhanden. Es gibt kein neues Wissen, sowie es nichts gibt, was man nicht wissen kann, da es ein sogenanntes Urwissen gibt, das die Basis unseres Daseins bildet. Um das gesamte Wissen abrufen zu können, steht uns das Ego im Weg. Das Ego selbst ist nur ein Gedanke, ein Ich-Gedanke, der uns weismachen will, dass wir wir sind. Auf diesem Gedanken ist unser Leben aufgebaut und aus dieser Zentralstelle heraus wirkt das Denken. Von dort aus lebt es und erlebt es sich. Das geschieht auf einer Ebene, die eine Überlagerung des Raumes ist, den man auch als Urwissen bezeichnen könnte. Diese Urkraft ist die Basis von allem. Dieser Basis kommen wir nicht näher, weil wir uns selbst im Weg stehen. Hier könnten wir alles jederzeit wissen, ohne es überhaupt hinterfragen zu müssen oder wissen zu wollen. Wir sind dieses Wissen, glauben aber ein alleiniges Ego zu sein, das sich eines Körpers bedient und als eigene Realität wahrgenommen wird. Was sollten wir als dieses Wissen lernen? Wir wissen ja schon alles. Das, was wir zu sein glauben, weiß das nicht. Es hat sogar vergessen, dass es sowieso schon alles weiß, und lernt munter weiter.

Ich erkläre es einmal so: Du schläfst auf einer großen Torte. Das weißt und siehst du nicht, weil du eine dunkle Brille trägst. Du wachst auf, steigst aus dem Bett und gehst in die Konditorei, wo du dir ein Stück Torte kaufst. Dann trägst du das Stück nach Hause, setzt dich auf das Bett und isst das Tortenstück genüsslich auf. Die dunkle Brille muss geputzt werden. Das geschieht, wenn du beginnst, dein Leben achtsamer und bewusster zu gestalten. Bei dem, der sich ausschließlich in alltäglichen Dingen, weltlichen Freuden und irdischen Genüssen verliert, wird die Brille noch dunkler werden. Wer die Brille abnehmen will, muss zuerst wissen, dass er eine Brille trägt. Das heißt, wir müssen zuerst herausfinden, was wir wirklich sind, damit wir uns für eine Veränderung öffnen.

Bis dahin werden wir die bisherige Art des Lernens beibehalten, wenn es darum geht, Veränderungen zu erzielen. Wir glauben ja, dass es einer bestimmten Vorgehensweise bedarf, wenn wir an uns oder an einer Situation etwas ändern wollen. Das geht wie folgt: Lesen oder zuhören – merken oder aufschreiben – interpretieren – bewerten – alte Gewohnheiten abgewöhnen und neue Gewohnheiten angewöhnen oder etwas aus dem Leben streichen und etwas Neues dazufügen – sich allmählich anpassen oder umgewöhnen, um die Veränderung allmählich zu leben.

Die neue Art, Veränderung zu praktizieren, hat mit dem Begriff Lernen nicht mehr allzu viel am Hut. Sie ist effektiver, viel einfacher und wirkungsvoller: Lesen oder Zuhören – Erinnern – Sein. Wenn

Sie sich als Bewusstsein erleben und nicht mehr über den Verstand definieren, brauchen Sie sich in dem, was Sie gelesen oder gehört haben, nur als Wahrheit zu erkennen oder zu erinnern. Ein innerliches Bejahen in das Bewusstsein zu integrieren ist die Vorstufe davon.

Das alles geschieht automatisch. Es wird Teil Ihres Seins. Und wenn Sie bei Bewusstsein bleiben, was wir nachher noch »trainieren« werden, sind Sie immer auf dem neuesten Stand. So handeln Sie immer aus dem letzten Stand Ihrer Erkenntnis und nicht mehr Ihrer Erfahrung. Eine Erfahrung ist nur die Erinnerung an etwas, was in der Vergangenheit passiert ist. Und das ist keine Orientierungshilfe, abgesehen davon, dass dieses Früher nur im Kopf existiert. Es ist immer nur jetzt. Die Vergangenheit lehrt uns, dass wir aus der Vergangenheit nicht viel für die Zukunft lernen können.

Bewusst zu sein und bewusst bei sich zu bleiben ist eine Frage der Ausrichtung und der Gesinnung. Dann gibt es nichts mehr zu lernen oder zu verlernen. Dann brauchen Sie nichts zu üben und es gibt auch nichts zu vergessen. Es stimmt einfach, wie es ist, und der Augenblick hat das Zepter in der Hand.

Meine Einsichten zu meiner Form der Wahrnehmung und des Lernens:

BEWUSSTES HIERSEIN

Wie sieht bewusstes Hiersein praktisch aus? Natürlich kann man Bewusstsein nicht üben, da es ja immer ein und dasselbe ist und sich nicht verändert. Aber wir können uns herantasten, indem wir feinfühliger, intuitiver, instinktiver und achtsamer sind. Wenn wir Orangenkerne sehen wollen, müssen wir zuerst die Schale entfernen, dann die Haut wegschälen und das Fruchtfleisch öffnen. Genauso nähern wir uns dem, was wir eigentlich schon sind. Wir müssen es Schritt für Schritt entdecken, und dafür braucht es Ausdauer und Geduld. Es ist noch kein Meister vom Himmel gefallen. Deswegen einfach dranbleiben und sich immer wieder damit beschäftigen. Was haben wir schon zu verlieren? Wollen wir weiterhin unnütz unsere Zeit vergeuden? Wenden wir uns dem Wesentlichen zu und lenken wir unser ganzes Interesse in die Selbstverwirklichung. Es gibt keinen anderen Grund, warum wir hier sind, außer unsere eigentliche Identität zu erfahren. Die haben wir seit der Geburt vergessen, und nun ist es an der Zeit, sich langsam wieder daran zu erinnern.

Wagen wir gleich einen praktischen Schritt. Wenn ich zu Ihnen sage, dass Sie zu Bewusstsein kommen können, hört sich das gut an, aber was meine ich damit? Was ist das genau und wie macht man das? Kann man das überhaupt machen? Ist es etwas, was wir erzeugen können, oder etwas, was sich zeigt, wenn wir das entfernen, was uns im Weg steht?

Aber was steht uns im Weg und was hindert uns daran, das zu sein, was wir immer schon waren und sind?

Viele Menschen vermuten, dass sie »bei Bewusstsein« sind. Bei Bewusstsein zu sein ist nicht das Gegenteil von bewusstlos zu sein. Das dürfen wir nicht verwechseln. Die meisten Menschen sind eher gut »bei Verstand«, als »bei Bewusstsein«.

Stellen Sie sich vor, dass Sie Bewusstsein sind. Das bräuchten Sie sich eigentlich nicht vorzustellen, Sie sind es ja! Wenn ich zu Ihnen sage, stellen Sie sich vor, dass Sie ein Mensch sind, würden Sie sich auf den Kopf greifen und »Wie bitte?!« fragen. Sie würden denken, dass mit mir etwas nicht stimmt. Natürlich bin ich ein Mensch, würden Sie denken. Aber sind Sie das wirklich? Sind Sie Bewusstsein? Sind Sie ein Mensch? Sind Sie beides? Oder sind Sie keines von beidem?

Um das herauszufinden, braucht es Zeit. Zeit, die sich in Bewegungen und Abläufen messen lässt. Was Sie wissen oder nicht wissen, spielt keine Rolle. Genauso ist es völlig unwichtig, was Sie denken oder glauben. Der Wirklichkeit ist es vollkommen egal, ob Sie daran glauben oder nicht. Sie heißt ja Wirklichkeit, weil sie wirkt, ganz gleich, wie Sie dazu stehen. Sie sind Bewusstsein. Und das Bewusstsein, das als schöpferische Urkraft wirkt, ist in Ihrem Körperbewusstsein eingesperrt. Irgendwann hat Ihr Ich beschlossen, dass es der Körper ist, und dabei wurde diese Kraft weggesperrt. Das Ziel ist es, diese Kraft wieder freizulassen. Kennen Sie das Märchen von Aladin und der Wunderflasche?

Stellen Sie sich einmal vor, Sie sind 3 Meter 50 groß und Sie haben sich in einen Körper gesperrt. Wie fühlt sich das an? Ich glaube kaum, dass es angenehm ist. Es könnte eng werden. Irgendwo da oben muss eine Öffnung sein. Diese lässt sich von innen öffnen. Von außen nutzt es Ihnen nicht viel, weil Sie ja drinnen stecken. So verhält es sich in Ihrem Leben. Sie wissen zwar nicht, dass Sie dort drinnen stecken, aber Sie suchen seit jeher Lösungen im Außen. Sie bekommen die Flasche nicht auf, und was auch immer Sie probiert haben, Sie sind gescheitert. Sie fanden keinen Weg, um sich zu entfalten. Befreiung ist die Sehnsucht jedes Menschen, auch wenn er sich dessen noch nicht bewusst ist. Es kommt der Tag, wo diese Sehnsucht zu brennen beginnt, und eines Tages wird sie so groß, dass unangenehme Umstände Sie dazu zwingen, die Flasche von innen zu öffnen. Nun wissen Sie, dass sich die Flasche nur von innen öffnen lässt und Ihr Leben ebenfalls nur auf dem inneren Weg in die Freiheit führt.

Vollziehen wir diesen Schritt vom Verstand zum Bewusstsein jetzt einmal praktisch: Gehen Sie jetzt einmal dorthin, wo Sie eigentlich sind. Nehmen Sie Ihr Körperbewusstsein wahr und gehen Sie in Ihrer Vorstellung von innen an die obere Grenze des Körpers. Öffnen Sie nun ganz bewusst diese energetische Öffnung und wachsen Sie über sich hinaus. Entschlüpfen Sie dieser Enge und dehnen Sie sich aus. Stellen Sie sich vor, Sie öffnen die Flasche Ihres Körpergefängnisses mit einem sanften Ruck von innen her und lassen Ihren Geist frei. Sie wachsen einfach über sich hinaus.

Bleiben Sie in dieser Vorstellung und intensivieren Sie sie, indem Sie Ihren Emotionen freien Lauf lassen. Nun können Sie vielleicht gleich mehrere Dinge gleichzeitig erkennen.

Ich bin nicht im Körper, der Körper ist in mir.

Ich bin sehr viel größer, sehr viel weiter als der Körper. Das Energiefeld, das ich bin, überragt den Körper in jede Richtung.

Ich war nie eingesperrt. Ein Ich hat es niemals gegeben.

Das sind nur einige von vielen möglichen Einsichten, die Ihnen widerfahren können. Lassen Sie sich Zeit und genießen Sie diese Vorstellung. Wiederholen Sie sie, sooft Sie möchten, und gehen Sie ganz gezielt über sich hinaus. Entdecken Sie dabei, was Sie wirklich sind und niemals gewesen sein können. Diese Erfahrung ist eine wunderbare Art, sich selbst zu erforschen und sich selbst zu begegnen.

Da ist zum Beispiel Ihre Ausstrahlung. Da ist die Wahrnehmung des Energiefeldes. Da ist die Bezugslosigkeit zum Körper. Da ist das Gefühl von Freiheit. Da ist das Gefühl von Wunschlosigkeit und Zufriedenheit.

Der Verstand sagt: Es nützt nichts. Das Herz sagt: Probier's doch! Das Gemüt sagt: Wer nicht wagt, der nicht gewinnt. Die Vernunft sagt: Vertraue! Ich sage: Glauben und Wissen bringen Sie nicht weiter. Es ist die Erfahrung, die zählt!

Denn Intuition ist immer da und fließt ständig durch uns, wenn das Rohr nicht verstopft ist. Verstopft wird es durch das viele, unnütze Denken. Dann sind die Leitungen besetzt. Wie soll uns eine innere Nachricht ereilen, wenn der Lärm der Gedanken alles übertönt? Wahrlich, es ist das Denken, was uns das Leben schwer macht und uns Sachen suggeriert und einredet, die gar nicht so sind. Überzeugen Sie sich selbst und öffnen Sie die Flasche. Gedanken braucht es dazu keine, nur den Mut, sich dieser Vorstellung hinzugeben. Die Vorstellung wird zur Realität, wenn Sie sie als real ansehen und sie zum Leben erwecken, indem Sie einfach Sie selbst sind.

Beispiel: Sie sind unterwegs und müssen dringend zu Hause anrufen. Das Kind telefoniert ständig mit Freundinnen und Sie kommen nicht durch. Endlich hat es aufgelegt, aber es hebt keiner ab. Wie kann das sein? Rufen Sie mit der Gewissheit an, dass jemand abheben wird, oder sagen Sie sich, ich versuche es mal, ob wer abheben wird, obwohl Sie wissen, dass jemand zu Hause ist. Genauso verhält es sich mit der Flasche. Öffnen Sie sie, um zu sehen was passiert, oder tun Sie es mit der Gewissheit, dass es klappen wird?

Sind Sie überzeugt oder zweifeln Sie noch?

Es geht weniger darum, wie man lebt, sondern als wer man lebt. Die Gewissheit, dass man das Körpergefängnis öffnen kann, ist natürlich unumgänglich, aber wenn ich als Bewusstsein, als universeller Geist, als göttliche Präsenz wirke, bin ich kein handelnder Mensch mehr. Das Ergebnis wird dementsprechend sein und richtet sich nach dem, als was ich fungiere.

Bin ich mir dessen bewusst?

Zusammengefasst:

Ich nehme den Körper bewusst als Aufenthaltsort wahr. Ich mache mir bewusst, dass ich Bewusstsein bin und hier feststecke. Nun stoße ich die Tür nach oben hin auf und trete hervor, wachse über mich hinaus und bin bei Bewusstsein. Nun passiert ganz vieles gleichzeitig: Sie finden sich plötzlich in einer Gedankenstille wieder, da hier oben niemand denkt. Es herrscht absolute Stille. Wenn Sie sich des Bewusstseins bewusst sind und über sich hinausgewachsen sind, verändert sich Ihre Wahrnehmung ganz automatisch. Sie nehmen alles bewusst wahr, worauf Sie Ihr Bewusstsein richten. Sie sind angeschlossen an das Informationsfeld des Allbewusstseins. Sie sind nicht nur angeschlossen an Ihre Intuition, Sie sind Intuition.

Meine Einsichten zur Öffnung als Bewusstsein:

WER BIN ICH?

Was glaube ich zu sein? Als was bin ich geboren? Als was sterbe ich? Wie erlebe ich mich? Wie will ich sein? In welcher Identifikation befinde ich mich?

Überprüfen Sie doch gleich einmal Ihre derzeitige Identifikation. Prüfen Sie einmal, wer auf Ihrem Stuhl sitzt. Wie würden Sie den beschreiben?

Sie sagen wahrscheinlich »ich«. Aber gut, wer ist dieses »ICH«? Wen meinen Sie damit, wenn Sie »ich« sagen? Ist das Ihr Körper? Ist es Ihr Verstand? Oder meinen Sie damit etwas anderes? Sprechen Sie vielleicht von Ihrer Persönlichkeit, Ihrem Ego? Oder ist Ihr Gemüt gemeint? Sie haben sicher eine Vorstellung über dieses Ich und Ihre Gedanken dazu. Glauben Sie eine Vorstellung zu sein? Sie sind doch kein Gedanke! Es könnte aus Ihrer Sicht auch die Summe aller Aufzählungen sein oder gar nichts davon? Wen oder was meinen Sie genau, wenn Sie das Wort »ich« verwenden?

Ganz gleich, wen Sie meinen, all das können Sie nicht sein. Sie mögen als solches auf der Spielfläche des Bewusstseins erscheinen, aber sein können Sie das nicht: Sein kann nur Wahrheit und Realität, und die ist bekannterweise nicht sichtbar!

Sind Sie auf Ihre Persönlichkeit stolz? Nun, mit der haben Sie herzlich wenig zu tun. Sie ist etwas, zu dem Sie geworden sind, das sich aus unterschiedlichen Kriterien zusammensetzt, doch als Sie das Licht der Welt erblickten, gab es das noch nicht. Eine Persönlichkeit entwickelt sich allmählich, und etwas, was sich entwickelt und nicht immer gleichbleibend ist, können Sie nicht sein. Wenn Sie die Welt verlassen, nehmen Sie diese Persönlichkeit dann mit?

Auf alle Fälle wird es sie nicht mehr geben und Sie können auch bestimmt nicht etwas sein, was unbeständig ist. Da es nur Beständigkeit gibt und Liebe als Licht die Urquelle allen Seins ist, was sind wir dann?

Das Ich als Person ist ein sehr eigenwilliges Konstrukt. Das Feedback, das Sie aus der Umgebung über sich selbst erhalten, was Sie über sich denken und wie Sie sich verhalten, beeinflusst die Sichtweise über den eigenen Charakter. Sie haben einen Eindruck von sich und haben sich eine Vorstellung zurechtgelegt. Vielleicht glauben Sie immer noch, dass Sie der sind, den man Ihnen damals eingeredet hat? Viele Menschen führen ein Leben in der Illusion des Ichs. Sie denken: Ich bin eine Persönlichkeit. Und sie tun alles dafür, damit diese auch noch erfolgreich, angesehen und eindrücklich ist. Sie sind so sehr damit beschäftigt, ihre Persönlichkeit zu perfektionieren, und vergessen dabei, dass es diese eigentlich gar nicht gibt. Zumindest so nicht, wie sie sich diese vorstellen, wie sie sie sehen und erleben.

Hinzu kommt, dass dieser Persönlichkeitswahn auch noch verschiedenste Schattenseiten nährt. Untugenden wie Stolz, Habgier, Eitelkeit und Neid sind nur einige, die sich über eine starke Persönlichkeit ausdrücken. Wenn man sich dann auch noch einbildet, über ein brillantes Denkinstrument zu verfügen, wie will man ob all der Einbildungen und Eitelkeiten das Weiche und Zarte im Ich wahrnehmen? Liebe ist ein schönes Wort, doch was soll ein eitler Mensch damit anfangen? Er kann sich damit nichts kaufen und aus seiner Sicht auch nichts erreichen. Die Liebe braucht nichts zu erreichen und bemüht sich auch nicht darum, da sie bereits alles ist. Und doch »erreicht« man mit ihr sehr viel, wenn man sie lebt.

Wer die Liebe in sich entdeckt, verändert sich und dadurch die Welt. Wollen wir lieber verdienen, erreichen und haben? Ist das wirklich erstrebenswerter? Das mag eine gewisse Zeit recht angenehm, befriedigend und unterhaltsam sein, doch irgendwann merken wir, dass uns das alles nicht glücklich macht. Wir haben viel erreicht, viel von der Welt gesehen, glauben viel zu besitzen und haben rund um uns herum unzählige Dinge stehen. Obwohl so viel da ist, fühlen wir uns ausgebrannt und leer. Wie ist das möglich? Wir sind einfach nicht glücklich. Daran erkennen wir, dass äußere Umstände rein gar nichts mit wahrem Glück zu tun haben können. Glück ist etwas, das nur in uns auffindbar ist.

Nun sind wir jahrelang den Inhalten und Vergnügungen, Objekten und Annehmlichkeiten der Welt nachgelaufen und sind weder glücklich geworden noch wissen wir, wer wir sind. Es wäre ratsam, das zuerst herauszufinden, bevor wir uns in die Lebenstumulte stürzen, die uns immer nur Schmerz, Leid und Kummer beschert haben. Es hat den Anschein, dass der Mensch am besten durch Leid einsichtig wird. Ein Herzinfarkt, eine Trennung, eine Pleite, eine Krankheit oder ein Unfall sind wahre Wegweiser. Doch muss es erst gar nicht so weit kommen. Wenn sich der Mensch erst an sich selbst erinnert, wenn der Hut brennt, tut es besonders weh. Aus Erfahrungen lernen wir am meisten, das scheint auch hier zu funktionieren.

Also was oder wer sind Sie? Sie waren lange schon, bevor es diesen Körper gab, und Sie werden auch noch sein, wenn Sie diesen Körper verlassen. Das Verlassen des Körpers ist so lange ein bedeutsames Ereignis, solange man darüber nachdenkt. Tut man es nicht, ist es völlig unbedeutend. Spätestens kurz davor tauchen allerdings folgende oder ähnliche Fragen auf: Habe ich eigentlich gelebt? Was geschieht, wenn ich sterbe? Warum habe ich meine Zeit nicht besser genutzt? Warum habe ich das getan, was ich getan habe? War es sinnvoll, das zu tun? Was hat es mir gebracht? Hat es mich erfüllt?

Wenn uns solche Fragen ereilen, werden wir mit ziemlicher Bestimmtheit sagen, dass wir etwas anders machen würden, wenn wir dieselbe Chance noch einmal hätten. Wenn Sie allerdings wissen, dass alles seine Richtigkeit hatte, Sie auf ein erfülltes Leben zurückblicken können und ohne Wehmut gehen, dann haben Sie schon zu Lebzeiten etwas richtig gemacht.

Wir haben das ganze Leben lang Zeit, uns diesen Fragen zu stellen. Das ist ziemlich lange, auch wenn es schlussendlich nur ein Augenblick zu sein scheint. Nutzen wir die Zeit, die wir in unserem Leben zur Verfügung haben, und stellen wir uns diesen Fragen, bevor wir uns im Krankenbett wiederfinden.

Meine Einsichten zu »Wie erlebe ich mich?« und »Wer bin ich?«

_____

_____

_____

_____

_____

_____

_____

_____

WAS IST EIGENTLICH LEBENSERFOLG?

Wenn wir uns die Frage stellen, ob wir auf dem richtigen Weg sind, werden wir die unterschiedlichsten Antworten erhalten. Jeder versteht unter Erfolg etwas anderes. Was ist eigentlich der richtige Weg? Was bedeutet für mich Erfolg? Das sind gute Fragen, und sie lassen sich ganz einfach beantworten, wenn wir aus der Persönlichkeitsebene aussteigen und die Antworten frei von Wollen aus uns entstehen lassen.

Jeder Mensch möchte auf seine Art und Weise erfolgreich sein. Wir unternehmen ja nichts in der Absicht, keinen Erfolg zu haben. Das Problem entsteht erst, wenn wir das Wort Erfolg nicht richtig definieren. Somit muss es unzählige verschiedene Antworten geben, wenn schon das Wort selbst für Missverständnisse sorgt. Sehen wir uns das Wort Erfolg etwas näher an, steht es für eine Folge von etwas. Etwas, das erfolgt, ist etwas, was nach etwas kommt, das stattgefunden hat. Dies bedeutet, wenn wir eine Handlung vollziehen, wird das eine Folge haben. Wie sind so gepolt, dass, wenn wir den Begriff »erfolgreiche Menschen« hören, wir das unweigerlich mit Ruhm, Besitz, Geld, Macht und eventuell sogar noch gutem Aussehen assoziieren. Doch dies hat mit herkömmlichem Erfolg überhaupt nichts zu tun. Das ist vielleicht das, was in der Klatschpresse berichtet wird. Wenn wir solch seichte Medien lesen, dürfen wir uns nicht wundern, dass wir in diesem einseitigen Denken stecken bleiben.

Mit Erfolg meine ich deshalb nicht Geld, Besitz, Ansehen und Position. Erfolg bedeutet für mich Erfüllung. Sogar herkömmlicher Erfolg ist ohne Erfüllung sinnlos. Aber auch Erfüllung kann man so oder so interpretieren. Was für einen Erfüllung bedeutet, ist für den andern völlig uninteressant. Ich meine diese Erfüllung, die von der materiellen Welt und ihren Geschehnissen nicht abhängig ist. Ich spreche von Erfüllung, die immer gegeben ist. Kein Zustand, sondern ein herkömmlicher Wesenszug, den der Mensch besitzt, wohl aber vergessen hat.

Da die Begriffe Erfolg und Erfüllung so viele unterschiedliche Assoziationen kennen, stellen Sie sich selbst doch mal die Frage: Was bedeutet eigentlich für mich Erfolg? Schreiben Sie es am besten gleich nieder:

_____

_____

_____

_____

_____

Bedeutet für Sie Erfolg mehr Umsatz, eine gesicherte Marktposition, sich gegen die Konkurrenz durchzusetzen oder sich innerhalb der Firma zu behaupten?

Ist Ihr Erfolg an Ergebnisse geknüpft?

Oder hat Erfolg etwas damit zu tun, dass Sie sich dadurch alles leisten können, was Sie sich wünschen?

Es sind die Wünsche, die uns unglücklich und unzufrieden machen, weil immer ein weiterer nachrücken wird. Außerdem entwickeln wir eine Bindung an das, was wir zu besitzen glauben, und haben ein Problem, wenn wir es verlieren oder weggeben müssen. Hier fehlt es wohl an dem Verständnis, dass wir alles nur benutzen. Vorübergehend stehen uns Dinge zur Verfügung, die wir spätestens vor unserem Begräbnis zurücklassen müssen. Hinzu kommt, dass wir alles Tag für Tag ablegen, wenn wir uns schlafen legen. Auch das wird ignoriert.

Trotzdem laufen viele Menschen dem Besitz hinterher. Sie eignen sich etwas an und gehen dem Irrglauben auf den Leim, dass es ihnen auch noch gehören könnte. Ein eigenartiges Verhaltensmuster, das sich hier eingeschlichen hat.

Was bedeutet also für Sie Erfolg? Vielleicht haben Sie Ihr bisheriges Erfolgsdenken schon etwas Revue passieren lassen, während Sie die letzten Zeilen gelesen haben. Seien Sie nicht zu streng mit sich selbst, wenn Erfolg für Sie bisher von materiellen Gütern und vermeintlichem Besitz abhängig war. Wichtig ist die Einsicht, dass Erfolg etwas viel Tiefergehendes ist und sich nicht auf der Oberfläche befindet, wo das Leben mit all seinen Problemen stattfindet. Finden Sie also einmal Ihre Antwort, Ihre ganz individuelle Antwort, die Sie bitte nochmals niederschreiben.

Sollte sie bereits anders ausfallen als vorhin, ist es wunderbar. Ist sie gleich geblieben, so schreiben Sie sie bitte noch mal nieder:

_____

_____

_____

_____

_____

Es ist durchaus wertvoll, Ziele zu haben. Auch wenn das Ziel selbst nicht wirklich so wichtig ist, ist der Blick aufs Ziel ein wichtiger und wesentlicher Punkt bei der Selbstverwirklichung und Entwicklung des Menschen.

Ziele ...
... machen uns zielstrebig.
... geben uns einen Lebensinhalt.
... lassen uns Erfahrungen sammeln.
... sind ein Antrieb.
... machen uns beweglich.
... lassen uns nicht einschlafen.
... fördern unsere Kreativität.

Ein Ziel ist nur ein vorübergehender Puffer. Ein Ziel ist auch nie etwas Endgültiges. Es geht eigentlich nie um das Ziel selbst, sondern stets darum, wie ich mit einer von unzähligen Zwischenetappen umgehe.

Wie fühle ich mich? Wie reagiere ich? Was bedeutet es für mich? Was macht es mit mir? Wozu dient es? Wem dient es?

Natürlich gibt es Wichtigeres als Ziele. Es gibt aber auch Wichtigeres als Puppen und trotzdem spielen wir damit. Ziele müssen nicht überbewertet werden, sie dienen als Sprungbrett in die Wirklichkeit und sind ein wichtiger Teil, um heranzureifen. Ein Same wird gesät oder sät sich selber aus. Danach keimt er und schießt aus der Erde. Das Pflänzchen wird zum Bäumchen, und bis es ein Baum wird, dauert es seine Zeit. Mit viel Licht beginnt er eines Tages Blätter zu entfalten. Er blüht und wird zu guter Letzt Früchte tragen. Die Ziele sind dort angesiedelt, wo das Bäumchen zum Baum wird. Es gibt so viele Ziele und Wünsche, wie es Äste und Zweige gibt. Es gibt so viele Ergebnisse, wie es Blätter gibt. Bis hin zu den Früchten, die für unsere innere Reife, für die Rückkehr zu uns selbst stehen, ist es ein spannender Weg. Man könnte ihn als lang und anstrengend bezeichnen, aber da immer nur jetzt ist, kann auch das so oder so interpretiert werden. Alles ist reine Ansichtssache, die immer von der Sicht des einzelnen Menschen abhängig ist.

Sie können Ihre Ziele auf jeden Fall sicher erreichen. Es gibt Möglichkeiten, jedes Ziel absolut zuverlässig zu erreichen. Aber zunächst einmal benötigt es ein Ziel, das es zu erreichen gilt. Wahrscheinlich haben Sie so wie die meisten Menschen mehrere Ziele. Schreiben Sie die sieben wichtigsten Ziele bitte nachfolgend auf:

1. _____

2. _____

3. _____

4. _____

5. _____

6. _____

7. _____

Jedes Ihrer Ziele benötigt eine klare und detaillierte Vorstellung. Wie sieht dieser Erfolg »bildlich« aus? Wo werde oder will ich am Ende dieses Ziels stehen?

»Ich will Erfolg haben« ist also kein Ziel, genauso wenig wie: »ich will glücklich sein. Glücklich sein können Sie in keinem Katalog bestellen, ein Ziel ohne Vorstellung ebenfalls nicht«. Ihr Ziel muss bereits lebendig sein und sich in gewissen Bildern zeigen und ausdrücken können.

Wenn Sie sich Glück wünschen, was soll Ihnen das Leben dann liefern? Wenn Sie in einem Katalog Wärme bestellen, bekommen Sie nichts geliefert. Man wird Sie anschreiben und Ihnen mitteilen, dass man Ihnen nichts schicken kann. Man wird Ihnen eventuell anbieten, dass das Warenlager Hauben, Handschuhe, Winterjacken, eine Sauna, einen Ofen oder Heizstrahler zur Auswahl hat. Wählen müssen Sie selbst. Ein Ziel ist keine Idee oder ein vager Wunsch für irgendetwas, sondern ein definitiver Beschluss mit konkreten Vorstellungen.

Gefühle und Gedanken sind klare Angaben, denen das Leben folgt. Gedanken sind Bilder. Das Leben kann Ihnen nur das zur Verfügung stellen, was Sie ins Leben hineingeben. Alles, was Sie ablehnen oder befürchten, werden Sie genauso erhalten, wie all das, was Sie unbewusst bestellt haben. Wenn Sie zum Beispiel Ihre Arbeit umsonst anbieten, dürfen Sie sich nicht wundern, wenn alle Menschen, die auf Sie zukommen, nichts zahlen wollen. Nicht die Menschen sind »schuld«, sondern Ihre Einstellung hat das so gestaltet. Sie haben diese Information ja ins Universum abgegeben, und wenn Sie bei 20 Menschen aus Nächstenliebe wirken, wird Ihnen das Leben 100 nachschicken, wo Sie dasselbe praktizieren können. Das Leben folgt nicht nur Ihrer bildlichen Vorstellung, sondern auch Ihren Handlungen und Ihrem Verhalten. Es ist nicht dumm, sondern nachlässig, so zu handeln. Wir alle müssen von etwas leben, und eine ausgewogene und gute Bezahlung hat etwas mit Wertschätzung zu tun. Dies wollen wir uns gut merken.

Das Leben wird irgendwann besser werden oder mir schon irgendwas schicken, ist also keine gute und ratsame Einstellung. Es wird schon irgendwie gehen. Es wird schon irgendetwas passieren. Es ist ja für mich gesorgt. Ja, das ist es, wer aber nicht am Leben aktiv mitwirkt, erlaubt auch dem Leben nicht, aktiv zu sein, und bremst den Lebensfluss. War Ihnen das bewusst? Hier fehlt nicht nur Klarheit, sondern auch Eigenverantwortung und Selbstständigkeit. Das Baby, das noch unselbstständig ist, bekommt von der Mama irgendeinen Brei. Der Erwachsene hat einen Mund, mit dem er schon sprechen kann, und er muss sich ausdrücken, und zwar klar und verständlich. Dies fördert nicht nur das Zusammenleben, sondern ein Leben, dessen Inhalte wunschgemäß sind. Entsprechend sind sie ja immer, weil sie mir immer entsprechen. Ich kann mich aber dumm oder entsprechend klar ausdrücken, oder auch stagnierend oder entsprechend aktiv verhalten. Lassen Sie diese Worte einmal auf sich wirken.

Kurze Pause.

Ich habe in meinem bisherigen Leben unzählige Klienten und Patienten gefragt, was sie ändern würden, wenn sie noch einmal von vorn anfangen könnten? Erstaunlich viele haben gesagt, dass sie alles ganz anders machen würden. Sie würden sich mehr trauen und würden mehr ausprobieren. Sicherheitsdenken und Angst standen ihnen im Weg, wenn es darum ging, Entscheidungen zu treffen. Aber auch Familie und Mitmenschen hielten sie davon ab, sich vollkommen zu entfalten. Es sind viele Hemmnisse, die uns davon abhalten, wir selbst zu sein und nach unserem Gutdünken und unserer Intuition zu handeln. Es ist das Denken, was uns ständig dazwischenfunkt und uns mehr schlecht als recht berät. Es sind nie die anderen, denn auch wenn wir sagen, dass uns der oder die von etwas abgehalten haben, waren es auch nur die Gedanken, die uns schlussendlich manipuliert haben. Gedanken wie: Das kann ich ihm zuliebe nicht machen, oder: Was der bloß von mir denkt, wenn ich das tue, sind ja auch nur Gedanken, oder?

Auf den Rat der Gedanken zu hören und ihnen blindlings zu folgen, ist nicht besonders weise. Wir können uns die Bedenken anhören, sollten uns davon aber keineswegs beeinflussen lassen. Ein Rat ist eine Sache, was wir dann aber tun, etwas ganz anderes.

Wie sähe es bei Ihnen aus, wenn Sie noch einmal ganz von vorne anfangen könnten. Stellen Sie sich vor, das Leben ist eine Reise, und Sie können noch umbuchen. Was würden Sie ändern? Welche Richtung würden Sie einschlagen? Wie sieht Ihre Reise aus?

Schreiben Sie mindestens 5 Punkte auf, die Sie anders machen würden, und unterteilen Sie diese am besten in beruflich, familiär, partnerschaftlich, seelisch und körperlich:

1. _____

2. _____

3. _____

4. _____

5. _____

Nun lassen wir das Wäre und Könnte ruhen und schauen uns das Jetzt an. Welches Ziel ist in diesem Moment konkret vor Ihren Augen sichtbar?

Es braucht ein Ziel, und wenn es nur »innere Erfüllung« oder »Selbstverwirklichung« lautet. Wir haben ja noch einen Körper und leben mit ihm. So sollten wir die Welt nicht meiden, verdammen oder ablehnen, sondern sie nutzen. Wir sind Gast auf dieser Erde und dürfen so viele schöne Dinge benutzen. Schon allein die Natur ist ein Geschenk, das uns zu jeder Zeit überall zur Verfügung steht. In ihr finden wir die Kraft, die wir verloren haben.

LEBENSPHILOSOPHIE ALS RICHTUNGSWEISENDER IMPULS

Jeder Mensch leitet ein Unternehmen. Bevor wir es bewusst führen können, müssen wir wissen, um welches Unternehmen es sich hier eigentlich handelt. Was hat es mit dem Unternehmen auf sich?

Das Unternehmen heißt »Selbst« und hat viele Mitarbeiter. Das ist der Körper, mit dem Hirn als Front-Leader und dem Ego als Direktor. Ein paar wichtige Angestellte, die aber als unwichtig eingestuft werden, sind die vielen Emotionen. Das Ich als Persönlichkeit schöpft ständig aus der Vergangenheit oder aus der Zukunft. Wie will es ein guter Mitarbeiter sein? Es spielt eine Rolle und eigentlich nimmt es sich nur selbst wichtig. Es lebt aus Erwartungen, Hoffnungen, Wünschen, Zielen und schafft daraus Probleme. Das Ich ist kein guter Mitarbeiter. Warum? Weil es alles auf sich bezieht und glaubt, der Einzige und Wichtigste zu sein. Es hat als Werkzeug eine sehr wichtige Funktion, bildet sich aber ein, das Unternehmen zu sein. Solange es dies glaubt, steckt das Unternehmen in den Kinderschuhen und eher auf wackligem Fundament.

Im Vorstand sitzen Vision, Imagination, Intuition und Vernunft. Das Ich ignoriert sie fast alle, und bei den meisten Unternehmen hat der Vorstand nichts zu melden und wirkt nur minimal aus dem

Hintergrund. Die Selbst-Unternehmen, die als Ich-Unternehmen geführt werden, wickeln ihre Geschäfte im Land des Bewusstseins ab. Sie scheinen alle etwas angeschlagen und marode zu sein. Das Konzept des Unternehmens, den Betrieb in die Fülle zu führen, erscheint schwierig, solange sich das Ich an der Front alleine durchkämpft. Wenn der Vorstand nicht in die Lebensführung eingreift, geht das Unternehmen pleite.

Das Ich versteht unter Erfolg etwas ganz anderes als das Selbst. Wo führt das hin, wenn der Verstand ständig Entscheidungen trifft, die außerhalb seiner Kompetenz liegen? Gerade bei der Berufs- oder Partnerwahl drängt er sich vor. Er hat viel Erfahrung, das kann man ihm nicht absprechen, aber vom Leben selbst hat er keine Ahnung. Sein Wissen ist nur begrenzt hilfreich, und zu viel Wissen ist eher Hürde als Hilfe.

Mit der Lebensphilosophie hat der Verstand ebenfalls nicht viel am Hut. Auch hier wäre der Vorstand gefragt, der das Zepter in die Hand nehmen bzw. miteinbezogen werden sollte. Welche Lebensphilosophie haben oder praktizieren Sie derzeit?

Lassen Sie diese Frage etwas auf sich wirken, bevor Sie sie beantworten.

Zeit zum Innehalten.

Machen Sie sich einmal die wichtigsten Punkte Ihrer Lebensphilosophie bewusst. Denken Sie bitte nicht, dass dies unwichtig sei! Ihre Lebensphilosophie entscheidet nämlich die Richtung, in die Sie gehen. Sie ist sozusagen ein Leitfaden, eine Art Kompass, der Sie durch das Leben führt. Ob Sie sich Ihrer Lebensphilosophie bewusst sind oder nicht, sie beeinflusst Ihr Leben. Wenn Sie das noch nicht getan haben, sollten Sie sie bewusst bestimmen.

In der Lebensphilosophie geht es nicht nur darum, ein Leben mit einer guten Einstellung zu haben. Sie stellt sich unter anderem folgende Fragen:

Wer bin ich?

_____

_____

_____

Warum bin ich?

_____

_____

_____

Wie bin ich eigentlich?

_____

_____

_____

Bin ich zufrieden?

_____

_____

_____

Was sind meine Bedürfnisse?

_____

_____

_____

Was sind meine Ziele?

_____

_____

_____

Warum verfolge ich sie?

_____

_____

_____

Haben Sie die passenden Antworten gefunden oder brauchen Sie bei einigen noch Zeit, um sich ihnen anzunähern? Die Antwort auf all diese Fragen wird uns eine selbst entwickelte Lebensphilosophie geben. Wir entscheiden, in welche Richtung wir gehen, und wählen aus, was für uns am besten passt. Dann verfeinern wir es und stimmen es so ab, dass es für uns stimmig ist. Die Antworten müssen reifen und entwickeln sich über Jahre, Jahrzehnte oder sogar bis zu unserem Lebensende hin.

Für unser Leben können wir nichts. Wir haben es uns nicht ausgesucht. Weder unsere Eltern noch unser Umfeld. Es ist weder unsere Leistung noch unser Verdienst, wie wir sind und dass wir hier sind, und es unterliegt auch nur sehr begrenzt unserem Einfluss. Umstände ergeben sich, doch können wir sehr wohl etwas dazu beitragen, dass wir glücklich oder aber verzagt sind.

Unterliegt es unserem Einfluss, wie wir leben? Und wie können wir diesen Einfluss geltend machen? Als Erstes kommt es darauf an, wie wir die Dinge sehen. Wie erleben wir sie? Unsere Sicht, unsere Gedanken, Handlungen und Gefühle entscheiden über unser Wohlbefinden. Je mehr wir schön finden, umso schöner wird das Leben sein. Wenn wir überall dagegensteuern, werden wir auch überall anecken, und das Leben wird als unangenehm empfunden werden. Das ist nichts Neues und das versteht sich von selbst.

Arbeite ich an meiner Lebensphilosophie? Was ist der Sinn meines Lebens? Wo lebe ich hin? Lebe ich schon, oder schlafe ich noch? Wer führt Ihr Unternehmen Leben? Der Verstand? Ihr Ego?

Vielleicht beide zusammen? An den Früchten sehen Sie, wie erfolgreich Ihr Management ist. Jeder muss sein Leben selbst führen, und ich kann Ihnen nicht sagen, was Sie tun sollen. Aber ich kann Ihnen sagen, was ich vor vielen Jahren getan habe. Ich habe mein Unternehmen an das Selbst abgegeben. Vielleicht möchten Sie das auch ausprobieren, um zu sehen, wie hervorragend ein Unternehmen geführt werden kann. Und dies geht mit großer Leichtigkeit vonstatten. Es ist nicht anstrengend, es braucht nur jede Menge Geduld und Aufmerksamkeit. Auch Vertrauen wäre ein guter, empfehlenswerter Zug.

Der Verstand ist ein wunderbarer Helfer, aber als Chef völlig ungeeignet. Vielleicht sollten Sie noch heute an eine Umbesetzung denken oder sie sich gleich vornehmen. Den Mutigen gehört die Welt, und wer groß denkt, dem wird ein großartiges Leben winken.

Das Thema »erfolgreiches Selbstmanagement« wird in diesem Buch großgeschrieben. Es besteht aus vier Worten. Schauen wir uns jedes kurz gemeinsam an:

Erfolg:

Wann auch immer ich etwas tue, will ich damit erfolgreich sein. Warum? Etwas wird aufgrund meiner Handlung erfolgen, doch der Erfolg sollte positiv UND negativ sein dürfen. Positiv und negativ ist ja kein Fakt und nichts Definitives, sondern ein individuelles Empfinden, das auf meiner Sicht beruht. Wenn der Erfolg sein darf, wie er will, werden Probleme nicht mehr möglich sein. Sie sind Schnee von gestern und erlauben, dass sich das Leben so zeigen darf, wie es meinem Selbst entspricht. Mensch denkt, Gott lenkt. Das Ich denkt, das Selbst lenkt.

Reich:

Was bedeutet für mich »reich«? Viel Geld zu haben? Viel zu besitzen? Macht zu haben und Anerkennung zu genießen? Welche Form soll Reichtum in meinem Leben annehmen? Das ist ein Teil der Lebensphilosophie. Das heißt, das Bild, das Sie von dem haben, was Sie glauben, fühlen und denken, wird sich verwirklichen. Aber vielleicht ist dieses Bild nicht vollständig. Vielleicht gehört zu diesem Reichtum auch Gesundheit, Vitalität, Lebensfreude? Vielleicht gehört eine erfüllende Partnerschaft dazu. Vielleicht ist das insgesamt alles gar nicht so wichtig und Sie messen das Wort »reich« an Ihrem Herzen? Reich im Herzen: Reich ist nicht, wer viel hat, sondern wenig braucht, arm ist nicht, wer wenig hat, sondern wer viel begehrt. Also prüfen Sie einmal, was für Sie wirklich »erfolgreich« bedeutet.

Selbst:

Prüfen Sie einmal, ob Sie Ihr Leben führen oder ob Sie eher als Opfer der Umstände und Gegebenheiten leben. Wir sind Schöpfer der Umstände, aber wir leben oft als Opfer. Wir richten uns nach den Gegebenheiten. Wir sind vielleicht optimistisch und machen das Beste aus den Dingen, anstatt die besten Dinge zu machen. Und das sollten wir ändern. Dass wir uns nicht mehr nach den Gegebenheiten richten, sondern dass wir sie bestimmen. Bestimmen, das meint hier: bewusst gestalten oder geschehen lassen, nicht mit Ellbogeneinsatz erzwingen oder durchsetzen. Das Ich bestimmt, das Selbst ist die Bestimmung.

Management:

Etwas zu managen bedeutet etwas zu führen. Am besten folgen wir der Führung des Selbst. Es braucht keine Organisation, die in Abläufe eingreift, sondern die Einsicht, dass das Selbst bereits das optimale Management ist. Alles ist in Ordnung, und alles ist so, wie es ist, gut. Es gibt nichts, was schiefläuft, nur Vorstellungen, in denen es anders laufen muss. Also lassen wir Vorstellungen und Erwartungen sein, um nicht enttäuscht zu werden. Und sind wir es dennoch, sind wir dankbar, dass man uns aus der Täuschung befreit hat. Gott hat sein eigenes Management, dem wir nicht reinpfuschen müssen. Wer sind wir, dass wir glauben, was gut und richtig, besser oder schlecht sein soll? Lassen wir dem Leben seinen Lauf, den es sowieso nimmt: mit oder ohne unser Einverständnis. Ein wacher und aufmerksamer, reifer Mensch vertraut dem Leben, in allem!

GIBT ES ERFOLGSREGELN?

Viele Menschen sind überzeugt davon, dass Erfolg unter Einhaltung gewisser Regeln zu erreichen ist. Fakt ist, dass der Erfolg den universellen Gesetzmäßigkeiten unterliegt, so wie alles von ihnen abhängig ist. Natürlich müssen wir uns fragen, ob wir alles daransetzen wollen, Erfolg zu erreichen, und ob uns das wichtig ist. Es gibt sicher wichtigere Dinge im Leben. Doch ist es so, dass der Mensch erst damit beginnt bewusst zu leben, wenn er alles ausprobiert hat.

So ist es tatsächlich so, dass er in der Regel zuerst Erfolg haben muss, um zu erkennen, dass dieser ihn nicht dauerhaft glücklich macht. Er mag uns das Gefühl von Glück bescheren, aber es ist eben nur ein Gefühl. Da dies vergänglich ist, kann es nie von Dauer sein. Was nicht von Dauer ist, ist kein wahres Glück und auch keine wahre Zufriedenheit. Wahres Glück ist auch nicht von Situationen oder Dingen abhängig. Natürlich trifft das auch auf den Erfolg zu. Es mag für ein Ego ganz angenehm sein, Erfolg zu haben, aber ich bin nicht auf diese Welt gekommen, um es ein bisschen angenehm zu haben. Dies ist nichts, was mich zufriedenstellen würde. Oder Sie vielleicht? Wer den Erfolg anstrebt, soll das tun. Er führt uns auf Umwegen dorthin, wo wir eigentlich hinwollen. So brauchen wir die Erfahrungen, die uns ernüchtern und uns den Weg nach innen weisen. Nun nützt es nichts zu sagen: Lassen Sie den Erfolg sein und kümmern

Sie sich nur noch um Ihre Seele. Das wäre falsch, weil man keinem Menschen seine Erfahrungen nehmen kann. Und diese sind wirklich notwendig. Sie sorgen für die Wende. Dass das die Wende in der Not ist, ist dem Menschen meist nicht bewusst, weil sein Leben ja ganz okay ist. Wir sind aber nicht geboren, um ein einigermaßen zufriedenes Leben zu führen, sondern um herauszufinden, wer wir wirklich sind. Hier gibt es keine Anleitung, da der Weg über die Erfahrung geht und somit jedes Ereignis absolut in Ordnung ist. Niemand macht etwas falsch oder hätte es besser tun können, weil sein Weg genau so ist, wie er ist. Aus diesem Grund gebe ich auch Hilfestellung, um den Erfolg zu erreichen.

Nun gibt es Menschen, die fragen, was das mit Spiritualität zu tun hat. Ziemlich viel, auch wenn man dies nicht vermutet. Ich unterstütze die Menschen dabei, ihren lang ersehnten Erfolg zu erreichen. Aber wenn es im Leben gar nicht darum geht und wenn der Erfolg nur ein Verlangen des Ich ist, das es ja eigentlich zu durchschauen gilt? Wenn Sie Ihre Ziele erreicht haben, werden Sie merken, dass das nicht das Wahre ist. Ich führe Sie also in die Richtung, wo es eines Tages eine Erkenntnis gibt. Und diese Erkenntnis führt den Menschen schlussendlich zu sich selbst. Es ist ein Umweg, aber er ist sehr fruchtbar. Wir haben alle Zeit der Welt. Also kümmern wir uns zuerst um den Erfolg, der irgendwann gar nicht mehr so interessant sein wird. Wenn er das jetzt ist, ist es völlig okay. Es gibt nichts, was nicht okay wäre.

Eines der wichtigsten Instrumente auf dem Weg zum Erfolg ist eine exakt geklärte Vision des erwünschten Endzustandes in Wort und Bild. Das heißt nicht, dass wir eine erwünschte Vision auf die Zukunft projizieren. Das ist die zweitbeste Möglichkeit. Sie funktioniert eventuell auch, aber es gibt eine bessere. Viel besser ist es, die Vision der eigenen Zukunft zu erkennen und zu verwirklichen.

Das heißt im Einklang sein mit sich selbst, wahrzunehmen, wie ich gemeint bin, zu erkennen, welche Zukunft mir entspricht. Wenn ich so meine individuelle Vision erkannt habe, dann brauche ich nur noch VOM ZIEL AUS ZU LEBEN und erkenne, wie das Ziel zu verwirklichen ist. Wenn ich genau weiß, was ich will, kann ich auch erkennen, wie ich dorthin komme. Erkenne ich es nicht, kenne ich entweder mein Ziel nicht gut genug oder es passt nicht zu mir. Ein Wunsch alleine reicht nicht aus, um etwas zu erreichen. Der Wunsch muss in Ihren Gedanken, Gefühlen und Ihrer gesamten Vorstellung in Form von Bildern bereits erfüllt sein. Das Erstrebte wird so erlebt, als wäre es schon eingetroffen, da auch die Überzeugung eine große Rolle spielt. Und überzeugt kann man nur von etwas sein, was bereits ist. Ich kann nicht davon überzeugt sein, dass das Wetter gut ist, wenn es regnet. In Ihnen muss also der fertige Endzustand leben, schwingen und sein. Sie müssen ihn fühlen und in allen Zellen spüren, und zwar nicht so, wie Sie ihn gerne hätten, sondern genau so, wie er bereits ist in Ihnen, ist er jetzt da, bereits eingetroffen und perfekt! Für Sie soll es keinen Unterschied mehr geben zwischen Zukunft und jetzt. Es ist immer jetzt und für Sie ist es jetzt so.

Die wichtigsten Faktoren, die dafür sorgen, dass Erfolg mit Sicherheit nicht eintritt, sind:

- Ein schlechtes Vorstellungsvermögen
- Zu wenig Selbstvertrauen
- Unklarheit
- Angst
- Befürchtung, dass es nicht klappen könnte
- Zweifel an sich selbst
- Minderwertigkeitsgefühle
- Unsicherheit

- Sich selbst nicht wichtig nehmen
- Mehr auf das hören, was andere sagen
- Durch bisherigen Misserfolg geprägt und unsicher
- Mangelnde Zielklarheit

Woran fehlt es mir?

_____

_____

_____

_____

_____

Woran kann ich arbeiten? Was kann ich anders machen/verbessern?

_____

_____

_____

_____

_____

Bevor Sie ein Ziel erreichen können, müssen Sie eines haben. Dies habe ich bereits angesprochen. Stellen Sie sich Folgendes vor:

Sie gehen zum Bahnhof, treten an den Schalter und sagen: »Ich hätte gerne eine Fahrkarte.« Man antwortet Ihnen: »Ja gerne, und wohin?« Sie sagen: »Keine Ahnung!« »Ja«, sagt der Mann am Schalter, »so kann ich Ihnen keine Fahrkarte geben.« Das mag etwas kindisch klingen, aber genauso verhalten wir uns. »Der andere wird schon wissen, was ich will« und »Das Leben wird mir schon irgendwann irgendetwas geben«, sind keine Impulse, die das Leben dazu animiert, uns etwas zu liefern. Diese zurückhaltende, unklare und energieschwache Haltung ist ein No-Go. Was hat uns so steif und lahm gemacht? Wo sind die Kraft und Stärke hin verschwunden, die uns allen innewohnen und unsere ureigene Wesensart sind? Was ist bloß mit uns los?

Schlafende Götter könnte man die Menschen nennen. Lassen wir sie zuerst Erfolg haben. Wenn es dann ungemütlich ist und sie im Erfolg keine Befriedigung finden, beginnen sie langsam, aber sicher aufzuwachen.

Was tue ich ab sofort, um mehr Klarheit zu erlangen und dem Leben die richtigen Anweisungen zu geben?

Hundert Menschen hatten sich auf einem Hügel getroffen. Alle durften sich etwas wünschen. Die meisten wünschten sich Geld. Viele ein Haus. Einige eine Familie. Wenige davon Gesundheit.

Gott sah in die Menge hinab und wunderte sich, dass die Menschen sich mit dem Gewünschten zufriedengeben würden. Für ihn war nichts leichter als diese Wünsche mit einem Augenaufschlag wirklich zu machen. Sie wünschten sich alle etwas, was nicht von Dauer war, was ihnen nie gehörte und mit Leid verknüpft war. Warum sich keiner wünschte so zu sein wie er, konnte der kleine Stern neben Gott nicht verstehen. Er rümpfte die Nase und dachte, so sind sie halt, die Menschen. Warum sind sie so blind und sehen nicht, was sie alles haben könnten, anstatt sich in solch lächerlichen Oberflächlichkeiten zu verlieren?

Eine traurige Geschichte. Aber sie macht Mut, dass es nur besser werden kann. Es besteht die Hoffnung, dass sich die Ausrichtung des Menschen nach Gottes Größe orientiert, anstatt sich in seinen Ausdrucksformen zu verlieren.

DER FREUDVOLLE WEG

Wenn ich im Einklang mit mir und der Welt bin, folge ich dem Weg der Freude. Denn wenn ich mit meinem Tun und meinen Lebensinhalten im Einklang bin, macht mir alles Freude. Das gilt natürlich auch für mich selbst. Akzeptieren Sie sich?

Wie stehen Sie zu sich?

Sehen Sie sich selbst so, wie die anderen glauben, dass Sie sind, oder erleben Sie sich als das, was Sie wirklich sind?

Lassen Sie sich von Ihrer Freude doch einfach führen. Wann immer Sie sich an etwas nicht freuen, sind Sie nicht im Einklang mit sich selbst. Natürlich gibt es Krisensituationen, die schmerzlich sein können, doch dann sollten wir mit der Situation nicht hadern, sondern sie annehmen, wie sie ist, sie sein lassen, wie sie ist. Sie können sich dann immer noch darüber freuen, wie Sie die Situation meistern und dass alles nicht noch viel schlimmer ist. Gerade in komplizierten oder schwierigen Situationen stellt es sich heraus, wie reif und »erwachsen« wir sind.

Wie gehen wir mit Situationen um, die uns fordern?

Können wir ihnen trotz allem gelassen begegnen?

Werden wir schnell zornig?

Geben wir zu schnell auf?

Stecken wir sofort den Kopf in den Sand und versuchen der Situation auszuweichen?

Schaffen wir es, uns der Situation zu stellen?

Beobachten Sie sich für die nächsten Tage einmal selbst, wie Sie mit Situationen umgehen. Urteilen Sie nicht über sich, setzen Sie sich nicht unter Druck und beobachten Sie einfach nur Ihr Tun. Es geht nicht darum, ob Sie etwas gut, schlecht, falsch oder richtig machen, sondern, dass Sie sich selbst wirklich kennenlernen. Wir glauben uns zu kennen, schauen aber über viele Eigenheiten hinweg. Die sind nicht schlecht, aber verbesserungswürdig. Vielleicht sind sie sogar so uralt und überholt, dass wir sie ablegen können. Jeder Mensch hat Eigenarten und Prägungen. Das ist weder schlimm noch gibt es einen Anlass dafür, sich schlecht zu fühlen oder einen anderen dafür zu verurteilen. Bleiben wir stets bei uns und kehren wir vor unserer eigenen Türe.

Schauen Sie auch mal etwas genauer bei Ihrer Arbeit hin und beobachten Sie, wie Sie sich bei Ihren täglichen Aufgaben fühlen. Beantworten Sie doch mal nachstehende Fragen, um zu sehen, in welcher Situation Sie sich befinden, was Sie verändern könnten und wo Verbesserungs-möglichkeiten angebracht wären.

Tun Sie Ihre Arbeit mit Widerwillen?

Ja ☐   Nein ☐   Manchmal ☐

Was stört Sie an Ihrer Arbeit?

_____

_____

_____

_____

Was mögen Sie an ihr?

_____

_____

_____

_____

_____

Würden Sie Ihre Arbeit gerne mit Freude/noch mehr Freude tun?

Ja ☐   Nein ☐

Was könnten Sie ändern, damit Ihnen diese momentane Arbeit viel Freude bereitet?

_____

_____

_____

_____

_____

_____

_____

_____

Würden Sie lieber etwas anderes tun?

Ja ☐   Nein ☐

Haben Sie schon eine Idee oder einen Traum, was Sie gerne machen wollen?

Ja ☐   Nein ☐

WENN NEIN, was können Sie tun, um herauszufinden, was Ihre Berufung ist?

_____

_____

_____

_____

_____

WENN JA, warum haben Sie es bisher nicht umgesetzt?

_____

_____

_____

_____

Woran fehlt es?

_____

_____

_____

_____

_____

Was hindert Sie daran?

_____

_____

_____

_____

_____

Ob das wirklich die Gründe sind, dass es bisher keine Veränderung in Ihrer Arbeit gegeben hat? Oft glauben wir zu wissen, woran es scheitert, geben der Familie, dem Partner oder den fehlenden Finanzen die Schuld – Fakt ist jedoch, dass es immer an uns liegt. Nicht daran, dass wir zu wenig getan oder versucht haben, sondern daran, dass wir begrenzt denken. Wir sehen die Dinge so, wie wir sie wahrnehmen, aber so sind sie nicht. Wir interpretieren dies oder das hinein, verurteilen, bewerten und verfolgen Annahmen, die uns im Weg stehen, wenn es darum geht, uns zu entfalten und kreativ zu sein. Hunderte Glaubenssätze haben uns geprägt und halten uns in einem Denken fest, mit dem wir uns neuen Situationen verschließen. Das bemerken wir meistens nicht. Erst wenn wir uns selbst näher beobachten und kennenlernen, finden wir das heraus. Dafür müssen wir lernen, ohne Scheu hinzusehen und unsere Mängel aufzudecken. Anschließend können die Schwächen in Stärken umgewandelt werden. Das Problem ist, dass der Mensch dauernd in Bewegung ist und sich, wenn es unangenehm wird, ablenkt. Er beschäftigt sich mit allem Möglichen, nur um seine Gefühle nicht ansehen zu müssen. Wir sollen vor unseren Gefühlen nicht davonlaufen. Auch ignorieren und unter den Teppich kehren ist keine Lösung. Stellen wir uns unseren Eigenheiten und schauen wir hin, was wir gut können. Da, wo wir Schwächen zeigen, ändern wir nicht unsere Handlungen, sondern unsere Gedanken. Dann werden sich alte Verhaltensweisen automatisch harmonisieren. Nur wenn wir uns im Inneren ändern, kann sich auch im Außen etwas bewegen. Umgekehrt funktioniert es nicht. Also versuchen wir nicht auf Biegen und Brechen die Lebensumstände zu ändern, sondern schauen wir hin, warum wir sie ändern, wer sie ändern will und wie wir uns dabei fühlen. Es geht um unsere Gefühle, nicht um das, was uns umgibt.

Wollen Sie Ihre Arbeit stets schnell fertig und erledigt haben?

_____

_____

_____

_____

Warum?

_____

_____

_____

_____

Was wollen Sie in der Regel danach machen (nichts mehr, Ihren Hobbys nachgehen etc. ...)?

_____

_____

_____

_____

Die Beschäftigung mit dem Hobby geschieht im Jetzt, und die Arbeit tun Sie im Jetzt. Das Jetzt sollte sich immer gleich gut anfühlen. Wer unterscheidet, wird Spannung erzeugen. Die Erfüllung liegt im Augenblick, und wenn immer jetzt ist, wieso denken Sie, dass es ein Nachher gibt? Nachher ist ja auch wieder jetzt. Wo ist dieses Nachher? Wo ist Zukunft?

Viele Menschen leben für das Wochenende oder für den Urlaub. Gehören Sie auch zu dieser Gattung? Was ist mit der restlichen Zeit? Ist die schlechter? Weniger freudig? Sie ist auf alle Fälle die häufigere. Schnell etwas hinter sich zu bringen ist keine Lösung. Man kann es tun, aber es macht weder glücklich noch befriedigt es. Jeder Augenblick will gelebt und geliebt werden. Arbeiten Sie daran, alles, ja wirklich alles mit Freude zu tun. Darin liegt der Schlüssel zur Zufriedenheit.

Tun Sie einen Teil Ihrer Arbeit mit Hingabe?

Ja ☐   Nein ☐

Tun Sie Ihre Arbeit mit Hingabe?

Ja ☐   Nein ☐

Wenn nein, gibt es da einen Trick. Haben Sie einen Bezug zu dem Licht, das Sie lenkt? Wenn ja, ist das wundervoll. Ob Sie es Gott oder anders nennen, spielt hier keine Rolle. Es hat nichts mit Glauben, sondern mit dem Innersten, der höchsten Führung und dem einzigen Ewigen zu tun. Denken Sie sich bei Ihrer Arbeit doch, dass Sie es für Gott tun. Sehen Sie alles als seinen Besitz und gehen Sie auch so damit um. Sie verwalten sein Geld. Sie reinigen sein Haus und schlafen in seinem Bett. Sie essen seine Nahrung und Sie essen für ihn. Vielleicht unterstützt Sie das bei einer gesünderen und bewussteren Ernährung, hilft Ihnen, Süchte zu stoppen und keine Tiere mehr zu essen. Auch können Sie das fortführen und ausbauen, indem Sie in allem Gott sehen. In jedem Tier, in jedem Menschen und in jeder Situation. Jedes Wort, das zu Ihnen dringt, wurde durch ihn gesagt, auch wenn es ein anderer Mensch ausgesprochen hat. Es ist seine Verkleidung, die zu Ihnen spricht. Jede Situation wird Ihnen von ihm direkt geschickt. Auch die unangenehmen, wobei es stets etwas zu entdecken oder zu erfahren gilt. Wenn Sie das Leben so leben, haben Sie etwas verstanden. Nämlich, DASS DIES NICHT NUR EINE VORSTELLUNG IST, SONDERN IN WAHRHEIT, NÄMLICH TATSÄCHLICH SO IST. Lassen Sie das auf sich wirken und schauen Sie hin, was es in Ihnen bewegt. Schreiben Sie dann kurz Ihre Empfindungen auf und notieren Sie Ihre Gedanken und Gefühle dazu. Wiederholen Sie das mindestens einmal pro Woche.

ES GEHT DARUM, ES ZU LEBEN UND UMZUSETZEN. DIES ZU WISSEN UND DIE VORSTELLUNG GUT ZU FINDEN REICHT NICHT AUS. Integrieren Sie das in Ihr Leben, und Sie werden sehen, dass sich Ihr ganzes Leben verändern wird.

Meine Gefühle angesichts dieser Hilfestellung (was fällt mir spontan ein, was gefällt mir, wo stoße ich auf Widerstand etc. ...):

_____

_____

_____

_____

_____

_____

_____

_____

_____

_____

_____

Gehören Sie vielleicht zu den Menschen, die am liebsten nichts tun würden?

Ja ☐   Nein ☐

Vor ein paar Jahren gab es in Amerika in einer Stadt namens Berkley für Studenten die Gelegenheit, für 20 Dollar die Stunde nichts zu tun. Das heißt, sie bekamen einen klimatisierten Raum, einen bequemen Sessel, konnten sich hinsetzen und wussten: 20 Dollar die Stunde für mich. Keiner hat es einen Tag lang geschafft. Es geht nicht. Wir können nicht sein, ohne etwas zu tun. Menschen, die meditieren und ihre Aufmerksamkeit mehr nach innen anstatt nach außen richten, können dies bestimmt über einen langen Zeitraum ausführen. Dennoch ist der Mensch dazu aufgerufen, sich zu bewegen, etwas zu bewegen und sich einer Aufgabe zu widmen. Wir alle bekommen eine Arbeit zugeteilt, die uns entspricht. Erfolgreiche Menschen in hohen Positionen denken, dass sie einen besonderen Job haben, und bilden sich vielleicht etwas darauf ein. Fakt ist, jeder ist an der richtigen Stelle und hat den Job bekommen, in dem es für ihn Erfahrungen zu machen gibt. Es gibt keine Arbeit, die besser oder wertvoller ist. Jede Arbeit hat ihren Wert.

Derjenige, der noch viel Geld verdienen »muss«, macht eine Erfahrung, die aus meiner Sicht nicht wirklich beneidenswert ist. So mitten in der harten Materie zu stecken, bedeutet auch harte Wirkungen zu erfahren. Da wir eines Tages alle zu uns erwachen und alles Irdische zurücklassen werden, bringt es auf Dauer gesehen nichts, sich in Wünschen, Erwartungen und Zielen zu verstricken. Mit viel Geld kommt man eines Tages auch nur zu der Erkenntnis, dass es einen nicht glücklich gemacht hat. Man wird alt und krank, und was nützt einem dann ein Vermögen auf dem Konto? Natürlich können wir damit ein gutes Leben leben und uns viel kaufen, aber ein gutes Leben ist nie von äußeren Umständen abhängig. DAS GUTE LEBEN IST IN UNS SELBST UND ES MUSS NACH AUßEN TRANSPORTIERT WERDEN.

ÜBER ERFOLG UND MISSERFOLG

Erfolg gehorcht ganz einfachen Gesetzen. Sobald Sie diese erfahren haben und befolgen, lässt sich der Erfolg nicht mehr aufhalten. Erfolg ist ein Produkt, das man wie jedes andere Produkt sozusagen »herstellen« kann. Erfolg bedeutet sehr viel mehr als Geld, Besitz und Macht zu haben, anderen überlegen zu sein und sich siegreich durchzusetzen. Wie bereits erwähnt heißt Erfolg im eigentlichen Sinne, dass alles Tun erfolgreich ist. Auf einem erfolgreichen Weg ist Gesundheit ein guter Freund, da wir nur in einem gesunden Körper vollumfänglich wirken können. Solange wir jung sind, geht alles ganz leicht. Werden wir älter, schwindet unsere körperliche Kraft und wir benötigen mehr Energie, um etwas umzusetzen. Deshalb empfiehlt es sich, sich in jungen Jahren nach innen zu wenden und sich geistig zu orientieren, damit uns dies später die notwendige Kraft und Stütze geben kann, um nicht zu stagnieren.

Entscheiden Sie sich jetzt dazu, erfolgreich zu sein. »Ich bin reich an Erfolg.« Eine wunderbare Affirmation, die Sie sich nicht einreden müssen, sondern auf die Sie mit großer Selbstverständlichkeit jederzeit zurückgreifen können. Wann auch immer Sie wollen und wo auch immer Sie es möchten. Wichtig ist, daran zu denken und es im Alltagstrubel nicht zu vergessen, dass es eine weitaus wichtigere und schönere Welt gibt als die, die wir mit den Augen sehen.

Kreieren Sie doch mal Ihre eigenen Glaubenssätze, die Sie sich mindestens einmal täglich verinnerlichen. Es ist die Regelmäßigkeit, das Ritual, sich für sich selbst Zeit und sich selbst wichtig zu nehmen. Verzichten Sie bei der Ausformulierung der Sätze auf Verneinungen und auch Wörter wie wäre, würde, wenn oder Ähnliches.

Ich bin Erfolg.
Ich habe Freude am Leben.
Ich setze meine Anliegen sofort um.
Heute ist mein Tag.

So lauten meine Affirmationen für den Tag:

- _____
- _____
- _____
- _____
- _____
- _____
- _____
- _____
- _____
- _____
- _____
- _____

Jeder Mensch freut sich über Erfolg. Ich habe noch keinen Menschen getroffen, der sich nach Misserfolg gesehnt oder aufgrund dessen ein Fest gegeben hat. Dabei ist es so, dass es eigentlich gar keinen Unterschied zwischen Erfolg und Misserfolg gibt. Es sind beides nur Ereignisse. Eines stimmt mich gut, das andere weniger, doch beides sind Erfahrungen, die für mich vorgesehen sind. Wenn sie das sind, dann müssen auch beide wichtig sein. Oder? Wie kann Misserfolg schlecht sein, wenn er mir doch etwas aufzeigen will?

Er hilft mir ja nur dabei, mich weiterzuentwickeln. Eine schlechte Note in der Schule hat mich dazu angespornt, mehr zu lernen. Wer erinnert sich heute noch daran? Wen interessiert ein Klassenarbeitsergebnis von anno dazumal? Wenn ein Geschäft in die Hosen geht, heißt das vielleicht, dass wir uns anders orientieren sollen. Nun haben wir die Chance, uns neu zu sortieren. Halten wir daran fest und versuchen wir auf Biegen und Brechen das zu erreichen, was wir uns in den Kopf gesetzt haben, verlieren wir vielleicht noch viel mehr. Vielleicht verlieren wir nicht nur viel Geld, sondern auch noch unsere Gesundheit?

Das, was wir planen, geht nicht immer mit dem großen Lebensplan konform. Deswegen gilt: Hellhörig sein und genau hinsehen, wo uns das Leben hinhaben will. Es geht nicht darum, wo wir hinwollen, sondern wo wir hinsollen. Und auch der Weg selbst ist nicht so wichtig, weil es nie um den Inhalt geht. Wichtig ist, wie wir uns dabei fühlen. Vergleichen wir es mit einem Kühlschrank. Wenn wir Hunger haben, ist es nicht so wichtig, was sich im Kühlschrank befindet, sondern dass er gefüllt ist. Wie steht es mit unserer Fülle?

Besteht sie aus unzähligen Quizshows und Krimis, aus unzähligen Hobbys und stundenlangem Internetsurfen oder aus tiefsinnigen Büchern, wertvollen Gesprächen und Spaziergängen in der Natur? Es geht hier nicht darum, was besser oder schlechter ist, sondern zu sehen, was unser Innerstes nährt. Wenn Erfolg von innen kommt, dann ist die geistige Nahrung und das, was wir den lieben langen Tag tun, ein überaus wichtiger Aspekt. Wir werden zu dem, was wir denken, wir sind das, was wir ausüben und tun. Jede Tätigkeit hat ihre Qualität, jede Handlung ihren Sinn. Es gibt keine guten und schlechten Handlungen, aber durchaus welche, die unser Herz erfrischen, und welche, die uns in unserer inneren Beweglichkeit nicht fördern. Vergleichen Sie ein Stück klassische Musik mit Hardrock. Nun können Sie sagen, das eine gefällt mir und das andere nicht. Es geht nicht um Gefallen oder Nichtgefallen, sondern um Energie. Wenn alles Energie ist und schwingt, dann gibt es Schwingungen, die uns gut- und solche, die uns weniger guttun. Studien haben bewiesen, dass das Wachstum von Blumen bei klassischer Musik beschleunigt wird und sich ihre Blütenkelche sogar der Musik zuwenden. Hingegen sind Pflanzen unter ständiger Berieselung von Heavy Metal regelrecht zugrunde gegangen. Was will uns das sagen? Wie gesagt, es geht nicht um Geschmack, sondern um eine Schwingung.

Bescheidenheit ist auch etwas, was zum Erfolg beiträgt. Ich habe schon sehr früh gelernt, was das bedeutet. An meinem sechzehnten Geburtstag hat mich mein Vater in sein Arbeitszimmer gerufen. Ich war ganz überrascht, was jetzt auf mich zukommen würde. Mein Vater hatte einen dunklen Anzug an. Er hatte Kerzen angezündet, und ich dachte: Mein Gott, was passiert nun? Ich hatte ein sonderbares Gefühl, da ich die Situation als sehr außergewöhnlich empfand. Er sah mich an und sagte: »Ich möchte dir das wertvollste Geschenk geben, was ich dir geben kann.« Meine Augen strahlten. Mit 16 hat man so seine Vorstellungen, was das Wertvollste wäre. Ich dachte an ein Motorrad oder an ein Motorboot, was anderes konnte ich mir nicht vorstellen. Mein Vater aber hatte etwas ganz anderes im Sinn. Er hat mir einen Rat gegeben. Ganz ohne Verpackung und Schleife. Sozusagen ein Wortgeschenk. Ich war nicht sehr begeistert, da ich mir doch ein »richtiges« Geschenk erhoffte, das ich berühren bzw. nutzen kann. Er sagte: »Beende alles, was du beginnst, erfolgreich! Das ist das wichtigste Erbe, das ich dir hinterlassen kann.«

Ich habe sofort protestiert und gesagt: »Ja gut, ich werde mich bemühen, auch wenn es nicht immer klappen wird.« In diesen Satz hatte ich einen Zweifel hineingelegt. Erst später wurde mir bewusst, dass ich hier dem Erfolg den Riegel vorschob. Später erkannte ich aber, dass ja alles Erfolg ist, »was erfolgt ist«. Ein Wortspiel, das man nicht gleich erkennen kann. Mein Vater sagte ja nichts von einem Misserfolg. Vielleicht wusste er damals schon, dass dieser Satz mehr als nur ein Ratschlag, sondern ein Impuls war, um die Botschaft hinter dem Satz zu erkennen. Daraus entwickelte ich meine Philosophie, die mich ganz nebenbei erfolgreich machte bzw. zu dem führte, was Menschen unter herkömmlichem Erfolg verstehen. So führte mich mein Vater in meine Lebensaufgabe hinein, und er hat mich wirklich reich beschenkt. Ich weiß nicht, welchen Weg ich gegangen wäre, wenn ich ein Motorrad bekommen hätte.

Mein Vater ist längst gestorben, und manchmal ertappte ich mich dabei, ihm etwas beweisen zu wollen. Inzwischen weiß ich, dass jede Aussage nur so verstanden werden kann, wie sie interpretiert wird.

Auch wenn immer nur das erfolgt, was erfolgen kann, so ist das Bewusstsein doch ein wichtiger Punkt. Ihr Bewusstsein entscheidet den Erfolg, also den Ausgang einer Situation mit. Je härter Sie sind, umso härter sind die Wirkungen, und je weicher Sie innerlich werden, umso angenehmer kann sich auch der Erfolg zeigen. Deshalb: Kommen Sie aus sich heraus. Treten Sie hervor und überschreiten Sie Ihren Verstand. Kommen Sie bei sich an und leben Sie angekommen. Prüfen Sie, ob Sie noch »am kosmischen Netz«

sind oder nur auf Batterie laufen. Der Standby-Modus ist der Ich-Modus. Der kosmische Modus ist der Modus des Selbst.

Wie sieht das in der Praxis aus?

Setzen Sie sich hin und schließen Sie Ihre Augen. Halten Sie kurz inne und ziehen Sie Ihre Aufmerksamkeit vom Außen ab und lenken sie nach innen.

Öffnen Sie Ihre Augen und sehen Sie für einige Zeit auf einen Punkt. Dieser kann beliebig ausgewählt werden: ein Bild, das Fenster, eine Vase etc. Fixieren Sie ihn. Nun schließen Sie Ihren Körper mit ein, ohne vom Punkt wegzusehen. Lassen Sie nicht vom Punkt ab und versuchen Sie so viel wie möglich wahrzunehmen: Ihre Nasenspitze, Ihre Hände, Ihre Brille etc.

Wenn Gedanken kommen, lassen Sie diese ziehen. Halten Sie sie nicht fest und versuchen Sie auch nicht sie loszuwerden.

Beobachten Sie Ihre Gefühle. Was fühlen Sie? Kommen Dinge hoch, die Sie beschäftigen, oder einfach nur ganz nebensächliches Gedankengut?

Sie sind nach oben weit offen und angeschlossen an die eine Kraft. Die eine Kraft fließt durch Sie hindurch und erfüllt Sie ganz. Jede Zelle Ihres Körpers ist erfüllt mit der einen Kraft. Die eine Kraft ist vollkommene Harmonie und lässt mögliche Disharmonie abfließen.

Denken Sie an etwas Schönes. Es geht nicht darum, eine Erinnerung herbeizuholen, sondern etwas Neutrales wie einen Spaziergang an einem Flussufer lebendig zu machen. Erinnern Sie sich nicht an etwas Geschehenes, sondern erzeugen Sie ein Bild, das Ihnen ein Wohlgefühl beschert. Stellen Sie sich dieses Bild im Detail vor. Atmen Sie die frische Luft ein, genießen Sie das Plätschern des Wassers und das Vogelgezwitscher. Spüren Sie Ihre Lebendigkeit?

Sie sollten mindestens einmal am Tag innehalten und überprüfen, ob Sie wirklich bei sich sind. Machen Sie es zu Ihrem Ritual,
etwas für sich zu tun. So werden Sie ruhiger und gelassener, und
je bewusster Sie sind, umso mehr wird es Ihnen gelingen, zwischen
Erfolg und Misserfolg keine Unterscheidungen mehr zu sehen.
Alles darf sein, wie es ist. Alles ist gut!

Finden Sie heraus, was Sie entspannt. Wie können Sie am besten
abschalten?

- Ein Buch lesen

- Etwas malen

- In der Natur spazieren gehen

-

-

-

-

-

-

-

-

-

WEGE DER HEILUNG

Gesund zu sein und zu bleiben, könnte man auch als Erfolg bezeichnen. Zu heilen bedeutet nicht mit dem Finger zu schnipsen, sodass sich alle Wehwehchen verabschieden und ewige Gesundheit sich einstellt. Heilung beginnt im Denken, mit der Sichtweise und der Einstellung. Heilung geschieht von innen heraus und bedeutet HEIL-SEIN. Heilsein bedeutet, von allen Irrtümern befreit zu sein und seine eigentliche Identität zu erkennen.

Es ist an der Zeit, dass wir zur Kenntnis nehmen, dass Krankheit weniger im Körper, sondern vielmehr im Geist und in der Seele ihre Ursache hat. Es sind unsere Gedanken und Gefühle, die uns krank oder gesund machen, denn Gesundheit ist ewig gegenwärtig und sollte ein normaler Zustand sein. Heilung ist kein Prozess, der körperliche Zustände verändert, sondern eine innere Haltung. Diese leitet einen Prozess ein, der uns vom Ich ins Selbst führt und uns uns selbst erkennen lässt. Heilen kann nur der Geist. Geist sollte bitte nicht mit dem Verstand verwechselt werden. In vielen englischsprachigen Büchern wird der Geist als *mind* bezeichnet. Fälschlicherweise verstehen wir darunter das Denken, da *mind* mit Verstand übersetzt wird. Diese Übersetzungen erzeugen Missverständnisse.

Gedanken sind begrenzt. Der Geist hingegen ist unbegrenzt, er ist unsere eigentliche Existenz. Der Energiekörper, der die Basis für das Menschenkleid bildet, ist Geist. Geist ist das, was ewig und unvergänglich ist. Einer Heilung muss immer die richtige geistige Einstellung zugrunde liegen. Das heißt, jede Krankheit ist eine Aufforderung, die geistige Fehlhaltung zu beseitigen und unseren Bewusstseinszustand zu verändern. Es geht aber in erster Linie nicht darum, den Körper zu heilen, sondern eine neue Ausrichtung vorzunehmen, die das Leben sowie den Körper harmonisiert. Eine weitere Sicht erweitert auch die Möglichkeiten der Lebensumstände. Ein harter Kern wird auch dementsprechende Situationen hervorbringen. Ein liebevolles Wesen wird sich in einem liebevollen Umfeld widerspiegeln.

Alle körperlichen Äußerungen und Zustände sind immer nur das Ergebnis unserer geistigen Einstellung und Haltung. Wer in seinem Bewusstsein ständig aufbauende und positive Gedanken trägt, dessen Körper wird stärker sein. Natürlich genügt es nicht, positiv zu denken und gleichzeitig Naturgesetze zu missachten, indem ich über alles und jeden schimpfe, mich schlecht ernähre usw. Leben ist eine intelligente Form von Energie, und diese Energie kann vom Menschen selbst in seinem Körper gelenkt werden. Als ich diese Erkenntnis hatte, begann ich mit meinem Körper zu sprechen. Ich sagte meinem Herzen, dass es stark sei und ruhig und gleichmäßig schlage, und meiner Lunge, dass sie ruhig und tief atme. Ich bat darum, dass Gelassenheit meinen Körper durchströmen und jede Zelle meines Körpers erfüllen möge, und es geschah. Tatsächlich veränderte sich meine Wahrnehmung. Worte sind Kräfte, die wir hier ganz gezielt einsetzen können.

Alles ist Geist. Das Wort Geistheilung spricht Bände. Es gibt eigentlich gar keine andere Heilung als durch den Geist. Das Wesentliche an allem Materiellen ist das Immaterielle, bestehend aus der geistigen Struktur, die wir Bewusstsein nennen. Wir alle sind von unserem wahren Wesen her reines Bewusstsein. Durch unsere

Fähigkeit zu denken sind wir aufgerufen, die Schöpfung als Mitschöpfer zu gestalten. Die Schöpfung ist zwar vollkommen, aber nicht vollendet. Mit jedem unserer Gedanken geben wir der allgegenwärtigen Energie eine bestimmte Form und verändern auf diese Art und Weise die Schöpfung. Was immer ein Schöpfer in der Gewissheit des Glaubens denkt, muss in Erscheinung treten. Der Glaube zwingt die schöpferische Kraft in uns und somit die Energien, die gewünschte Form anzunehmen. Das Wissen vom geistigen Wesen der Materie öffnet uns die Tür zum Verständnis des Universums und des Lebens. Dadurch erkennen wir die Unsterblichkeit des Seins. Wollen wir aber das Wesen des Geistes erkennen, brauchen wir nur uns selbst zu erkennen. Schon in Delphi stand über dem Tempeleingang: »Mensch, erkenne dich selbst, dann erkennst du Gott.«

Heilung fängt also immer bei einem selbst an. Die erste Voraussetzung dafür ist der sorgsame Umgang mit sich selbst. Heilung ist nichts anderes als eine Veränderung der Frequenz. Dies können Sie sogar ausprobieren. Kaufen Sie sich zwei Pflanzen. Stellen Sie sie an zwei verschiedene Plätze. Sorgen Sie für die gleichen Voraussetzungen und dass ihnen die gleiche Wassermenge zur Verfügung steht. Eine Pflanze bedenken Sie jeden Tag 5 Minuten lang positiv und loben ihre Schönheit. Sprechen sie mit ihr und machen sie ihr Komplimente. Der anderen Blume schenken Sie keine Aufmerksamkeit. Nach ca. drei Wochen werden Sie feststellen, dass die positiv bedachte Pflanze sich im Vergleich zur anderen wesentlich schöner entwickelt hat. Damit lässt sich auch nachvollziehen, wie schwer es ein kleines Kind haben muss, das von Lehrern oder sogar von den Eltern negativ bedacht wird. Gedanken sind so wie Worte Kräfte! Denken Sie stets daran.

HEILUNG ERFOLGREICH GESCHEHEN LASSEN

Bewusstsein erhebt sich im Geist. Geist ist nicht nur die Ursache für Erfolg, sondern lässt alles erfolgen. Womit immer diese eine Kraft in Berührung kommt, wird sie in die Schwingung von Harmonie bringen. Und was bedeutet dies für Ihren Körper? Heilung. Lassen Sie einmal ganz bewusst Heilung in Ihrem Körper geschehen. Während Sie diese Kraft einfließen lassen, indem Sie sich öffnen und sich dem Augenblick hingeben, können Sie sie auch spüren. Erleben Sie es nicht über Ihre Sinne, sondern beobachten Sie das Ganze einfach mal von innen her.

Dabei können Sie all das loslassen, was Heilung bisher verhindert hat, wie zum Beispiel der Glaube an ein Problem. Ein Problem kann nicht losgelassen werden, weil es ja nur durch das Nichteinverstandensein mit einer Situation entsteht. Wenn Sie damit einverstanden sind, dass es so ist, wie es sich zeigt, gibt es ja kein Problem mehr.

Wo hegen Sie noch Widerstand? Welche Situationen gehen Ihnen gegen den Strich? Was möchten Sie am liebsten verändern?

Und nun schauen Sie sich Ihre Probleme noch einmal an. Stellen Sie sich vor, dass Sie Ihre Widerstände ablegen und jedes einzelne scheinbare Problem annehmen. Wie das funktioniert?

Indem Sie erkennen und realisieren, dass Ihr Problem nur so lange besteht, solange Sie die Situation anders haben wollen. Ist der Widerstand weg, wird es sich in Luft auflösen. Sie bestimmen also, wann ein Problem endet. In Wirklichkeit hat es gar nie eines gegeben. Es waren nur ungünstige Situationen oder ein Zusammenspiel von unglücklichen Umständen, die Sie nicht akzeptiert haben. Wenn das Leben seinen eigenen Lauf hat und es so etwas wie einen göttlichen Plan gibt, wozu dagegensteuern?

Lassen Sie also alle Glaubenssätze los und schaffen Sie Platz für die Heilung, indem Sie all das, was Heilung stört, loslassen. Und dann spüren Sie, wie alles wieder ins Lot kommt und harmonisch zu fließen beginnt.

LOSLASSEN MAL GANZ ANDERS

Wo wir gerade bei Loslassen sind, sehen wir uns das einmal etwas genauer an. Loslassen setzt voraus, dass ich etwas habe. Aber wie sicher können wir uns sein, dass wir das, was uns belastet, auch wirklich haben?

Sind es vielleicht nur Gedanken?

Ist es wirklich so, wie wir es empfinden? Wenn wir ein Problem haben, hat es ein anderer nicht. Warum haben wir es?

Was würden Sie sagen, wenn man Ihnen sagte, dass Sie Ihre Ziele leichter erreichten, wenn Sie sie loslassen? Können Sie das glauben oder meinen Sie eher, dass das unmöglich ist? Ich sage Ihnen, dass sie in beiden Fällen recht haben. Wie ist das möglich? Es ist weder so noch ist es so, es wird so sein, wie Sie es sich denken. Ihre Gedanken, Ihre Interpretation und Ihre Vorstellung werden dafür sorgen, dass es so sein wird, wie Sie es sich denken, es interpretieren und sich vorstellen.

Nehmen wir an, Sie zielen mit Pfeil und Bogen auf eine Scheibe. Was müssen Sie tun, damit der Pfeil ins Ziel geht? Sie müssen loslassen! Jetzt werden Sie denken, das weiß doch ein jeder Depp! Ja, wissen schon, aber tut er es auch? Wir wissen so viel, aber tragen es nur in unserem Kopf herum. Ungelebtes Wissen ist unnützes Wissen. Nur gelebtes Wissen wird Früchte tragen.

Warum wenden wir das nicht an? Machen wir das im täglichen Leben so, dass wir das, was nicht mehr zu uns gehört, einfach loslassen? Wohl meistens nicht. Es ist schwierig, weil wir an Gewohnheiten festhalten. Es wird leichter, wenn wir damit beginnen, Widerstände abzubauen. Wir dürfen also nicht den Partner, den Gedanken an die Arbeitslosigkeit oder die Krankheit loslassen, sondern den Widerstand gegen diese Situation.

Es gibt eine bekannte Geschichte mit der Affenfalle. Ich habe sie bei meinen Seminaren immer sehr gerne erzählt. Die Kursteilnehmer haben immer herzlich gelacht, doch ist es so, dass wir uns fast alle in dieser Situation befinden.

In Südindien gibt es eine bestimmte Art, wie man Affen fängt. Man höhlt eine Kokosnuss aus und befestigt sie an einem Baum. In der Kokosnuss befindet sich ein kleines Loch, gerade groß genug, dass eine Affenhand hineingreifen kann. In die Kokosnuss legt man eine kleine Banane hinein. Es passiert immer dasselbe. Kaum hat man sich entfernt, kommt ein Affe vorbei, greift in die Kokosnuss hinein und schnappt sich den Leckerbissen. Da die Banane nicht durch das Loch geht, müsste er diese loslassen, um sich aus dem Staub zu machen. Doch er hängt fest. Er beginnt zu schreien und wehrt sich vehement, auf den Leckerbissen zu verzichten. Nur deshalb sitzt er in der Falle. Würde er die Banane loslassen, könnte er sich retten.

In dieser Falle hängen wir alle fest. Der Leckerbissen hat unterschiedliche Namen wie die eines Zieles, einer Absicht oder eines Wunsches, wie Haus, Job, Partner etc. Bevor wir nicht genau das haben, was wir uns in den Kopf gesetzt haben, lassen wir nicht davon ab. Da wir aber eher selten das bekommen, was wir auf Biegen und Brechen erreichen wollen, werden wir durch unangenehme Ereignisse dazu gezwungen, loszulassen. Wenn eine gewisse Schmerzgrenze erreicht ist, geben wir auf. Aber warum erst dann? Warum nicht schon vorher, wo es noch viel leichter ginge und auch nicht so wehtun würde?

Prüfen Sie einmal, wo Sie im Leben festhängen, wo Sie nicht loslassen können. Wo bräuchten Sie bloß die Hand zu öffnen, um frei zu sein?

Es gibt nichts auf der Welt, das Sie festhalten könnte, niemand, der Sie gefangen hält. Sie selbst halten sich gefangen. Es sind immer Sie selbst. Das Tor zur Freiheit heißt immer: loslassen. Überprüfen Sie einmal, ob Sie in Ihrem Leben derzeit irgendetwas mit Druck erreichen wollen. Oft merkt man gar nicht, dass man etwas schon seit längerer Zeit mit Gewalt anschiebt. Wenn es sich nicht von selbst entwickelt oder ergibt, dann passt es auch nicht. Viele Menschen fragten mich um Rat, wenn es um eine wichtige Entscheidung ging oder sie einfach nicht mehr weiterwussten.

Habe ich den richtigen Partner? Soll ich mich trennen?

Soll ich den Job wechseln? Passt der Job zu mir? Was soll ich danach machen?

Fragen über Fragen, die sich nur individuell beantworten lassen. Doch gibt es einen Leitsatz, den ich immer wieder empfehlen kann:

Was nicht mit Leichtigkeit geht, soll auch nicht sein. Sollte es sein, würde es leicht gehen. Wenn ich jetzt überlege, was ich tun soll, verpasse ich vielleicht den Moment zu handeln. Wir sollten mehr auf unsere Intuition vertrauen und auch wissen, dass wir aus dem Moment heraus immer die richtigen Entscheidungen treffen. Es gibt keine falschen Entscheidungen, nur solche, die wir als falsch bezeichnen oder so empfinden. Das Problem sind die zahlreichen Gedanken. Sie hindern uns daran, intuitiv zu handeln. Das Denken kann ja tun, was es will. Es kann denken, was es will. Wir müssen ja nicht darauf hören. Wir sollten das Denken nicht überbewerten und nicht nur auf seine Ratschläge vertrauen. Wir können sie uns anhören und dann zu uns sagen: Okay, du denkst und Gott lenkt. Ich mache es so, wie es sich für mich gut anfühlt, und das ist ganz anders, als du es dir denkst.

Nehmen Sie ein beliebiges »Problem« ins Bewusstsein.
Fragen Sie sich einmal:
Warum tue ich das, was ich tue?

Gibt es Gründe, die Hand und Fuß haben?

Halte ich meinetwillen daran fest oder tue ich es für andere Personen? Warum will ich gefallen, helfen, geliebt werden, entsprechen ...?

Was will ich mit meinem Wunsch etc. erreichen?

Könnte es sein, dass das Leben etwas ganz anderes mit mir vorhat?

Fällt es mir schwer, meine Vorstellung, Meinung, einen Wunsch oder eine Idee loszulassen?

Warum fällt es mir schwer? Was spricht dagegen, dass ich mich für etwas Neues öffne?

Bin ich jetzt bereit loszulassen?

Alles, was ich bei der Geburt nicht bei mir gehabt habe, brauche ich zum Leben nicht unbedingt. Zumindest ist es nicht lebensnotwendig. Bescheiden zu sein bedeutet nicht nur, wenig Dinge zu haben, also wenig materielle Güter zu besitzen, es bedeutet auch, dass das Gedankengut, die Wünsche und Absichten bescheiden sein sollten. Nicht zu vergessen Stolz, Neid, Missgunst, Zorn, Wut, Aggression, Eifersucht, Geltungsdrang und noch vieles mehr. Je weniger Sie davon haben, umso besser werden Sie sich fühlen. Sie dürfen haben, was Sie wollen, wenn Sie am Besitz nicht hängen. Lassen Sie alte Vorstellungen los und Sie werden sehen, dass sich Ihr Leben ganz anders gestalten wird.

WENN DIE ZEIT DAVONLÄUFT

Bereichert das, was ich jetzt tue, den Augenblick? Bereichert es mein Leben wirklich? Stellen Sie sich diese Frage am besten, wenn Sie abends vor dem Fernseher sitzen oder irgendetwas tun, was nicht unbedingt notwendig ist. Dies bedeutet nicht, dass Sie keinen Film ansehen dürfen. Es geht darum, gezielt Sendungen zu verfolgen und den Ausknopf ganz bewusst zu bedienen, anstatt wahllos von einem Programm ins nächste zu springen. Die Fernbedienung kann ein Lied davon singen. Sie auch?

Ich kenne viele Menschen, die auch gut ohne Fernseher leben können, und ich muss sagen, sie leben wirklich sehr bewusst. In der Zeit können wir uns mit der Familie austauschen oder uns unserem Innenleben widmen. Das mag nicht ganz so spannend wie ein Krimi sein, doch wird die wertvolle Zeit doch etwas gehaltvoller gefüllt.

Fragen Sie sich das nächste Mal:

Will ich das wirklich sehen? Ja ☐ Nein ☐

Könnte ich jetzt etwas Sinnvolleres oder Produktiveres tun? Fällt Ihnen etwas ein, was für Sie infrage kommen könnte?

_____

_____

_____

_____

_____

Könnten Sie auf einen Fernseher verzichten?

Ja ☐   Nein ☐

Wenn ja, warum tun Sie es nicht?

_____

_____

_____

_____

_____

Vielleicht schalten Sie mal ab oder verschenken die Kiste. Obwohl, ich würde niemandem einen Fernseher schenken, weil ich ihm damit sehr viel Zeit stehlen würde. Sie können ungeheuer viel Zeit gewinnen, wenn Sie die Dinge loslassen, die Ihr Leben nicht bereichern.

Wenn Sie möglichst rasch von einem IST- zu einem SOLL-Zustand kommen wollen, versteht es sich von selbst, dass Sie den Inhalt des IST-Zustandes nicht festhalten dürfen. Denn wie soll sich der IST-Zustand in einen SOLL-Zustand verwandeln, wenn Sie weitermachen wie bisher?

Es ist in der Tat so, dass es unzählige Gewohnheiten sind, die sich in uns eingebrannt haben. Sie sind nicht schlecht und wir haben sie uns ja schließlich nicht ausgesucht, doch sind sie überflüssig. *Denken Sie einmal gründlich nach und notieren Sie sich alle Gewohnheiten, auf die Sie gut verzichten könnten. Sie werden überrascht sein, wie viele es werden können.*

Auf Folgendes kann ich gut verzichten:

Lesen Sie bitte erst weiter, wenn Sie mindestens 5 Gewohnheiten festgehalten haben. Sie werden sehen, wenn Sie mal bei 10 angelangt sind, kommt eine Flut auf Sie zu, die eventuell ein zusätzliches Leerblatt erfordert.

Ich wollte nicht vorgreifen, aber ich möchte hier ein paar Gewohnheiten aufschreiben. Das mache ich ganz bewusst, weil ich denke, dass dadurch bei Ihnen wieder neue aufsteigen werden. Ich habe Ihnen in weiser Voraussicht schon mal etwas Platz eingeräumt.

- Wenn ich heimkomme, den Fernseher einschalten

- Den Kühlschrank offen lassen, während ich koche

- Den Wasserhahn während des Zähneputzens aufgedreht lassen

- Nach dem Aufwachen noch etwas nachliegen

- Immer etwas zu spät kommen

- Mitmenschen ins Wort fallen

- Erwartungen stellen

- Ungeduldig sein

- _____

- _____

- _____

- _____

- _____

Nun machen Sie sich einmal bewusst, wie der SOLL-Zustand aussehen soll und welchen IST-Zustand Sie dafür loslassen müssen. Denken Sie kurz darüber nach und malen Sie sich alles im Detail aus. Lassen Sie Ihre Vorstellungen und Ideen lebendig werden.

Frage 1: Wie sollte der SOLL-Zustand aussehen?

Raum zum Innehalten.

Frage 2: Welchen Inhalt meines IST-Zustands sollte ich JETZT dafür loslassen?

Raum zum Innehalten.

Nun haben Sie sich unter anderem ein Bild davon gemacht, wie der SOLL-Zustand aussehen soll. Der SOLL-Zustand entwickelt sich am harmonischsten, wenn alte IST-Zustands-Räume geleert sind. Hier geht es nicht nur darum, Gewohnheiten zu entlassen, sondern auch Emotionen und Gedanken abzuschwächen. Wie das geht?

Dafür müssen wir zu Gedanken und Gefühlen Abstand nehmen und erkennen, dass es Gedanken und Gefühle sind, die uns begleiten, die wir aber nicht sind. Wenn wir uns nicht mehr auf sie beziehen, sind sie auch nicht weiter schlimm. Da wir sie aber ständig nähren und uns mit ihnen beschäftigen, als ob sie unser Eigentum wären, werden sie auch bestehen bleiben. Wenn wir ihnen keinen Platz mehr einräumen, werden sie verebben. Wir können Gedanken und Gefühle nicht abschalten, aber wir können sie gewähren lassen. Ignorieren wäre auch nicht ganz richtig, denn wenn wir so tun, als ob sie nicht da wären, werden sie sich kaum in Luft auflösen. Sagen wir ja zu ihnen. Sie dürfen da sein, aber wir beschäftigen uns nicht mehr mit ihnen. Es heißt nicht umsonst, zu dem, auf das wir unsere Aufmerksamkeit hinlenken, werden wir. Wenn wir unsere Aufmerksamkeit ständig auf Probleme richten, die uns depressiv stimmen, werden wir Depressionen nähren. Wollen wir das?

Wir ärgern uns ständig über etwas. Wer meine Bücher kennt, weiß, dass er nur selten am Thema »das Loslassen von Ärger« vorbeikommt. Ich habe weder Alzheimer noch wiederhole ich mich gerne. Ich werde es hier ebenfalls mit einflechten, damit es Ihnen wieder in Erinnerung kommt. Viele Menschen wissen das. Aber warum setzen sie es nicht um? Sie wissen, dass sie den Ärger loslassen sollten. Sie wissen auch, dass es ihnen dann besser gehen würde. Sie wissen so viel, aber trotzdem ärgern sie sich weiter.

Wenn wir uns ärgern, ärgern WIR uns. Wir sagen: Ich habe mich über dies oder das geärgert. Der andere kann uns nicht ärgern. Niemand und nichts auf der Welt verfügt über die Macht, einen anderen zu ärgern. Jemand kann in Ihnen ein Gefühl von Ärger auslösen, doch ärgern tun Sie sich jedes Mal selbst. Nun gibt es Mitarbeiter, Nachbarn, Freunde und Familienmitglieder, über die Sie sich ständig ärgern müssen oder zumindest schon mal geärgert haben. Sie haben in Gedanken schon bösartige Gegenangriffe gestartet und dem anderen zumindest innerlich die Meinung gesagt. Ist dies auch bereits verbal geschehen, haben Sie dem anderen in jedem Fall Unrecht getan. Haben Sie schon einmal darüber nachgedacht, was den Ärger ausgelöst hat?

Der andere? Ja! Aber warum?

Er hat nichts falsch gemacht, er hat sich nur anders verhalten, als Sie es wollten. Sie waren mit etwas nicht einverstanden, was er getan oder gesagt hat. Nirgends steht geschrieben, dass Ihnen andere entsprechen müssen. Auch gibt es keinen Verhaltenskodex, der besagt, dass das Leben Ihre Erwartungen zu erfüllen hat.

Deswegen ist es schon recht eigen, dass der Mensch von seinen Erwartungshaltungen nicht loslassen kann. Die anderen tun nicht das, was ich will! Sie tun immer etwas anderes!

Sie wollen aber, dass es nach Ihrem Schema abläuft, fordern das ein, und vielleicht erwarten Sie das auch weiterhin. Sie dürfen sich aber nicht wundern, wenn Sie sich über jemanden ärgern, solange Sie sich einbilden, dass alles nach Ihren Vorstellungen laufen muss. Kam Ihnen schon mal der Gedanke, dass jeder Mensch sein eigenes Schema hat und jeder Einzelne nur ungern davon abweicht?

Worüber haben Sie sich das letzte Mal geärgert?

_____

_____

_____

_____

Worin liegt IHR Widerstand (und somit die Ursache des Problems)?

_____

_____

_____

_____

Immer wenn Sie sich zukünftig ärgern, können Sie sich gezielt bewusst machen, dass etwas geschehen ist, was Ihnen gegen den Strich geht. Ihre Erwartungen wurden nicht erfüllt. Das reicht aus, um von Schuldzusprechungen und Bewertungen wegzukommen, die Sie auf andere projizieren.

Der andere hat Sie ent-täuscht. Er hat Ihnen das Geschenk gemacht, Sie der Täuschung zu berauben, dass das Leben nach Ihrer Pfeife tanzen muss. Jetzt dürfen Sie erkennen, dass das Leben nie so läuft, wie Sie es wollen. Das wissen Sie zwar und haben es auch schon erfahren, wollen Sie trotzdem an Ihren Erwartungen festhalten?

Lassen Sie vor allem eines los: das Wollen und das Wünschen. Ich schreibe deswegen »eines«, weil es dieselbe unnütze Energie in sich trägt. Anstatt ständig etwas zu wollen oder zu wünschen, könnten Sie sich auch einmal vom Leben überraschen lassen. Eine ganz neue Erfahrung, die wunderschön sein kann.

Ärger lohnt sich nicht. Er macht uns irgendwann krank. Er schädigt unser Empfinden, macht uns stumpf und kehrt unsere Hässlichkeit nach außen, die in uns abgespeichert ist. Ärger verhärtet die Zellen, Gleichmut macht sie weich. Entscheiden Sie jetzt, ob Sie sich und Ihrem Körper etwas Gutes tun wollen, und vergessen Sie nie: Wer nicht alles liebt, hat nie wirklich gel(i)ebt.

ES GEHT AUCH OHNE STRESS

Muss Stress sein? Nein, würden die meisten jetzt wohl sagen, und doch scheint jeder irgendwie gestresst zu sein. Stress ist genauso unvernünftig wie Ärger, da wir innerhalb einer uns zur Verfügung stehenden Zeit nicht mehr tun können, als Zeit vorhanden ist. Immer wollen und versuchen wir mehr zu erledigen, als es möglich ist, und scheitern. Dies erzeugt unweigerlich Druck, und dieser Druck schlägt nicht nur aufs Gemüt, sondern auch auf die Gesundheit. Die Burn-out-Falle ist bekannt, doch nicht unbedingt ein Zeichen der Zeit. Natürlich ist der Druck größer geworden und die Anforderungen, die zu erfüllen sind, steigen. Doch seit jeher lastet sich der Mensch eine zu große Bürde auf die Schulter, die er nicht tragen kann. Je älter wir werden, umso mehr Freiraum sollten wir uns gönnen. Und da liegt der Punkt. Auch wenn junge Menschen immer mehr überfordert sind, so sind es die, die in die Jahre kommen, die glauben, weiterhin ein Pensum leisten zu können, wie sie es bisher gewohnt sind. Das geht ca. 50 Jahre gut, wo alles leicht von der Hand geht. Dann plötzlich kommt ein Punkt, an dem wir uns nicht mehr so leistungsfähig fühlen und schon öfter mal Schwäche spüren. Es hat uns niemand gesagt, dass wir mit 70 Jahren dasselbe leisten müssen wie mit 30 Jahren. Doch das Ego lässt sich nicht gerne unterkriegen und will zeigen, was es alles noch draufhat. Wem wollen wir etwas beweisen? Natürlich den anderen, aber in erster Linie uns selbst. Wer viel leistet, ist mehr wert. Ein Glaubenssatz, der in der Gesellschaft und Arbeitswelt wohl zutreffen mag, doch aus geistiger Sicht ist das völliger Nonsens. Es ist unmenschlich und genauso gehen wir mit uns um: Wir sind zu streng. Und wie geht es Ihnen mit Stress? Klopft er bei Ihnen auch schon mal an?

Stress kenne ich gut. ☐   Stress kenne ich nicht. ☐

(Wenn Sie in der glücklichen Lage sind und Letzteres angekreuzt haben, gratuliere ich Ihnen! Sie brauchen die nächsten zwei Fragen nicht zu beantworten!)

Wann hatten Sie das letzte Mal Stress?

_____

_____

_____

_____

Was tun Sie dagegen?

_____

_____

_____

_____

Ich habe ein paar Anregungen für Sie, die mir dabei geholfen haben, einen Gang runterzuschalten. Es sind im Laufe der Jahre einige Punkte zusammengekommen, die sich als hilfreich erwiesen haben. Wählen Sie sich die 5 besten aus und versuchen Sie diese jeden Tag anzuwenden. Nur gelebte Spiritualität wird Früchte tragen:

- Rechtzeitig aufstehen.

- Erst aufstehen, wenn Sie 5 Minuten für sich hatten: Gebet, Atemübungen, gute Gedanken für den Tag, ein paar Körperübungen.

- Beginnen Sie den Tag ruhig auch denkend, aber nicht nachdenkend (welche unangenehmen Situationen heute im Laufe des Tages auf Sie zukommen könnten, darum brauchen Sie sich nicht zu kümmern).

- In einer Situation mit zwischenmenschlichen Konflikten keine Interpretationen zulassen! Bei sich bleiben und sehen, was SIE anders machen könnten.

- Bei Streit oder Ärger mit anderen denken Sie sich, dass der andere nur noch einen Tag zu leben hat. Sie werden sehen, wie geduldig, großzügig und nachsichtig Sie sein können.

- Mehrmals am Tag innehalten.

- Auf aufkommende Gedanken nicht einsteigen und nicht jeden Gedankengang nachverfolgen, sich reinsteigern, analysieren etc.

- Mindestens 15 Minuten zu Fuß gehen und so viel Zeit wie möglich in der Natur verbringen (macht den Kopf frei und die Natur ist der beste Platz zum Abschalten, Auftanken und Genesen).

- Keine Mahlzeiten zwischen Tür und Angel!

- Platz für Rituale freihalten, die Sie mit sich alleine oder auch mit anderen praktizieren.

- Genießen Sie jeden Augenblick. Auch Momente, in denen etwas nicht so gut läuft, können genossen werden. Sie gehören zum Leben.

- Wenn Ihnen eine Tätigkeit völlig gegen den Strich geht, stellen Sie sich vor, sie für Gott zu verrichten. Putzen Sie seine Fenster anders?

- Überprüfen Sie mehrmals am Tag Wünsche, Ziele und Vorstellungen, die aufkommen. Was können Sie reduzieren? Worauf können Sie verzichten?

- Bescheidenheit und Einfachheit praktizieren.

- Den anderen Vortritt lassen und einen kleinen Dienst erweisen.

- Gute Gedanken aussenden.

- Mehrmals Gedankenstille praktizieren.

- Gedanken beobachten und nicht auf sich beziehen.

- Gefühle beobachten und als etwas von Ihnen Getrenntes wahrnehmen.

- Vor dem Einschlafen nicht fernsehen.

- Mit guten Gedanken einschlafen.

- Den inneren Wecker programmieren: Denken Sie ganz intensiv an die Zeit, zu der Sie aufstehen wollen. Speichern Sie es jeden Tag neu ab, wann Sie geweckt werden wollen. Wenn Sie das ein paar Mal gemacht haben, funktioniert das einwandfrei und Sie können ohne Wecker stressfrei erwachen.

Ihre eigenen Tagespunkte, um zur Ruhe zu kommen und abschalten zu können:

_____

_____

_____

_____

_____

_____

_____

Wenn Sie nur 5 von den angeführten Punkten praktizieren, haben Sie schon wesentliche Schritte für erfolgreichen Stressabbau vollzogen und damit erfolgreich Selbstmanagement praktiziert. Sie beginnen den Tag bewusst, indem Sie sich Ihrer Innerlichkeit bewusst werden. Anschließend bleiben Sie in diesem Bewusstsein.

Sie bleiben in der Energie und lassen Heilung geschehen. Erst wenn Sie bereit sind, wenn Sie ganz da sind, beginnt der Tag. Suchen Sie sich jeden Tag eine Aufgabe heraus, um sie beständig zu zelebrieren. Jeden Augenblick sterben Zellen und werden neu geboren. Das ist ein natürlicher Prozess, dem wir alle unterliegen. Auch sterben jeden Tag Menschen. Sie gehören zu den glücklichen, die noch leben dürfen.

Kosten Sie jeden Moment aus und erkennen Sie den Wert Ihres Daseins. Wie oft verbringen wir die Stunden mit unnützen Beschäftigungen, und dann sagen wir, dass wir keine Zeit für uns haben. Zeit hätten wir immer, wenn wir nur ein paar Dinge wegließen, die überflüssig und reine Zeitverschwendung sind. Surfen im Internet, Telefonieren oder Fernsehen, um nur einige zu nennen. Diese Tätigkeiten sind nicht schlecht. Was mit Maß und Ziel geschieht, ist immer okay. Übertreiben Sie es nicht und suchen Sie so viel Zeit wie möglich mit sich selbst zu verbringen. Nicht mit Ihren Gedanken, sondern mit Ihrem Beobachter (mit Ihnen selbst!). Nur wer mit sich still und alleine sein kann, wird Frieden finden. Dieser liegt nämlich nicht in Dingen, Objekten oder Beschäftigungen, sondern im Herzen. Erst wenn es still wird und wir unseren ständigen Bewegungsdrang reduzieren, können wir zu uns selbst reisen.

Was tue ich jeden Tag zu viel, was reine Zeitverschwendung ist?

(Seien Sie ehrlich und nachsichtig mit sich selbst. Es geht nicht um Schuldzuweisungen, sondern um eine sachliche Analyse, die Ihnen selbst zugutekommen wird.)

Was möchte ich ändern?

_____

_____

_____

_____

_____

_____

_____

Was kann und werde ich SOFORT reduzieren?

_____

_____

_____

_____

_____

_____

_____

Was kann ich stattdessen tun? Folgende Aufgaben würden mir Freude bereiten:

_____

_____

_____

_____

_____

_____

_____

_____

Kann ich auch mit mir alleine sein?

Ja ☐   Nein ☐

Wenn nein, wie kann ich mich überwinden, mir selbst zu genügen?

_____

_____

_____

_____

_____

WIE SIE LEBENSFÜHRUNG PRAKTIZIEREN

Gerne würde ich Sie dazu animieren, einen neuen Beruf zu erlernen. Es ist der Beruf des Lebensarchitekten. Der Lebensarchitekt plant sein Leben und gestaltet es völlig neu, indem er es vollständig einrichtet. Dazu brauchen Sie weder Wissen noch Geld oder sonst irgendein Werkzeug. Keinerlei Kenntnisse sind notwendig, nur die Bereitschaft, das Leben neu zu gestalten. Intuition und Imagination sind so wie die Gedankenkraft alles, was Ihnen dabei behilflich sein wird. Und Sie besitzen all das, wenn Sie ein Mensch sind, wovon ich ausgehe.

Ihre Arbeit bleibt bestehen, nur dass Sie diese ab heute nicht mehr als Arbeit, sondern als Hobby bezeichnen werden. Sie gehen jeden Tag Ihrem Hobby nach und sind sich nicht bewusst, dass dies das ganze Jahr über dauert und Sie auch in einigen Monaten noch dran sein werden. Sie gehen jeden Tag an einen Ort, wo Sie Ihr Hobby ausüben, und bekommen auch noch Geld dafür. Jeder Tag ist anders, und auch das Hobby bleibt nie gleich. Es ist also nicht der langweilige Job, den Sie jeden Tag machen *müssen*, sondern das spannende Hobby, das Sie jeden Tag neu beginnen und ein wenig anders gestalten können. Weg von der Routine und von diesem eingefahrenen Denken, das Ihnen die Arbeit erschwert. Alles, was uns nicht nervt, tut uns gut. Also, Sie haben ein wunderbares Hobby. Fällt Ihnen diese Vorstellung schwer und Ihre Gedanken sagen Ihnen, dass das nicht geht und Sie das nicht können, dann widersprechen Sie. Es gibt nichts, was Sie nicht können, und alles ist möglich. Merken Sie sich das. Das ist die Realität. Vielleicht ist Ihre Realität anders, das ist aber Ihre persönliche und hat mit der Wirklichkeit nicht viel zu tun. Es ist nur eine Interpretation von unzähligen. Begrenzung findet nur in Ihren Gedanken statt, sonst nirgendwo.

Also noch mal: Was Sie bisher getan haben, ist Ihr Hobby, Ihre Nebentätigkeit. Hauptberuflich sind Sie Lebensarchitekt. Sie fangen ab sofort damit an, Ihr Leben bewusst zu gestalten. Bewusst heißt, aus dem Bewusstsein heraus geschehen zu lassen, anstatt durch gezielte Handlungen zu manipulieren. Aus diesem universellen Denken heraus schauen Sie auf Ihr Leben und erkennen, was zu tun ist, um hoheitlich zu leben. Schauen Sie einfach hin und stellen Sie sich Fragen. In den Fragen liegt bereits die Antwort, die Sie erkennen können. Dafür müssen Sie allerdings schon genau hinsehen, wenn Sie sich als Architekt austoben wollen. Welche Anliegen sind Ihnen wichtig, und welche Fragen steigen in Ihnen hoch?

Bevor wir uns dieser Aufgabe widmen, möchte ich Ihnen ein paar Beispiele geben, damit Sie damit beginnen, in Antworten zu denken. Trotzdem ist es wichtig, dass Sie unter dem nächsten Punkt fünf Fragen notieren, bevor Sie weiterlesen, damit sich Ihre Fragen nicht verfälschen. Sie dürfen ruhig gleich oder ähnlich sein:

Beispielfragen zur Lebenssituation (Solche oder so ähnliche Fragen können Sie an das Leben stellen.):

Wie kann ich mehr Geld verdienen?
Wie finde ich ein neues Hobby (berufliche Tätigkeit)?
Was kann ich tun, um zufrieden zu sein?
Wie finde ich einen Partner, der mich glücklich machen kann?
Was ist zu tun, um bewusster zu leben?

Soll ich meine Partnerschaft beenden?

Habe ich das richtige Hobby (berufliche Tätigkeit)?

Meine Fragen:

Und nun werden wir uns die Antworten zu den vorgegebenen Fragen ansehen, damit Sie beginnen, sich durch Ihre Fragen neu zu entdecken, zu verstehen und neu zu erleben:

Wie kann ich mehr Geld verdienen?

Geld verdient man eigentlich nicht. Es ist ein Ausgleich für eine Tätigkeit. Wer sich eine Arbeit sucht, mit der er Geld verdienen will, hat vergessen, dass der Geldbetrag als Ausgleich für etwas gedacht ist, was einem liegt und von Herzen kommt. Unzählige Menschen wählen ihre Arbeit, die wir hier ja Hobby nennen, nach den Gehaltskriterien aus. Wie soll es ihnen dann Spaß machen?

Tauschen Sie die Frage und fragen Sie sich: Was kann ich tun, was den Menschen nützlich ist und dient und mir Freude bereitet. Dann wird sich das Gehalt so einstellen, wie Sie es verdienen. Was der Wert Ihrer Leistung ist, wobei es in erster Linie darum geht, der Welt etwas zurückzugeben, bestimmt dann das Leben. Jeder will sein Gehalt selbst bestimmen, was eine eigenartige Entwicklung in der Menschengeschichte ist. Wenn man bedenkt, dass wir das Geld nur verwalten und es nie uns gehört, könnten wir nicht nur im Verteilen achtsamer sein, sondern auch in der Wahl der Ursache, wie Geld als Wirkung zu uns kommt.

Wie finde ich ein neues Hobby (berufliche Tätigkeit)?

Wir können den Beruf nicht finden, da wir uns allein durch die Suche begrenzen. Druck ist künstlich und gezwungen, und die Wahl der Tätigkeit muss mit Leichtigkeit vonstattengehen. Wer sich für eine berufliche Tätigkeit öffnet und voller Vertrauen ist, wird nicht lange auf etwas Passendes warten müssen. Arbeiten Sie an Ihren Fähigkeiten und erforschen Sie gut, wo Sie sich einbringen können und was nicht nur Menschen, sondern auch Mutter Erde und den Tieren zugutekommt. Ein Börsenmakler, Metzger oder Pharmazeut, Berufe, in denen es nur um Macht und Gewinn geht, oder die dabei die Welt, andere Menschen oder Tiere ausbeuten, beuten sich selbst aus. Eines Tages werden wir die Früchte unserer Handlungen ernten, und deswegen sollten wir stets wählen, was unserem Inneren entspricht, als uns zu sehr am Äußeren zu orientieren.

Was kann ich tun, um zufrieden zu sein?

Zufriedenheit wohnt nicht in den Handlungen. Wir finden sie abseits des Weltgetümmels und all der hektischen Bewegungen. Zufriedenheit ist nichts, was kommt und geht, weil es immer gegenwärtig ist. Wir können sie nur nicht wahrnehmen, weil unsere Sinne mit anderen Dingen beschäftigt und dadurch zu abgestumpft sind, um das Feine wahrzunehmen. Stille ist ein Wort, das Kraft gibt. Es ist ein Raum, in den wir mehrmals am Tag eintreten sollten, um Rückzug zu zelebrieren. Rückzug ist der Rückfahrschein in die Stille.

Wie finde ich einen Partner, der mich glücklich machen kann?

Dass wir uns einen Partner suchen, der uns guttut, ist menschlich. Wir sollten uns aber einen Partner wünschen, den wir glücklich machen können. Das wird sich auch auf das Ergebnis auswirken. Erwartungen haben in einer Beziehung nichts verloren. Sind sie noch da, können wir uns gegenseitig davon befreien. Partnerschaften haben die Aufgabe, uns von unseren Irrtümern, Vorstellungen und unserem Leid gegenseitig zu befreien. Es geht immer um beide, nie nur um mich. Das Ego stößt an seine Grenzen, da es immer Recht behalten will. Es haben immer beide recht. Jeder sieht die Dinge anders und genau so, wie er sie sehen kann. Aus seiner Sicht liegt er richtig, aber nur aus seiner. Wenn man bedenkt, dass es mehrere Milliarden Sichtweisen gibt, ist es schon ein Wunder, dass die Welt noch funktioniert.

Wer das so sehen kann, ist auf einem guten Weg. Dann können beide nach und nach erfahren, dass das Glück immer in ihnen war. Der andere befreit mich von Erwartungen, Wünschen und weiteren Einbildungen. Ein großes Geschenk, wenn beide bereit sind, an sich zu »arbeiten«.

Was ist zu tun, um bewusster zu leben?

Bewusster wird man nicht durch Tun, sondern durch den Gegenpol. Dies bedeutet nicht, faul in der Gegend herumzuliegen, sondern aktiv passiv zu sein. Achtsamkeit im Augenblick ist ein guter Ratgeber, wo sich Vergangenheit und Zukunft verabschieden. Wer gegenwärtig lebt, ohne nach vorne oder zurück zu schauen, wird sich nach und nach als Bewusstsein erfahren.

Soll ich meine Partnerschaft beenden?

Soll ich noch atmen? Diese Frage hat sich wohl noch nie jemand gestellt. Sie ist nicht sonderbarer als die Frage, um die es hier geht. Etwas, das besteht, besteht, weil es besteht. Eine Partnerschaft ist zu Ende, wenn sie zu Ende ist. Und wann ist sie das?

Wenn sie endet. Dies geschieht dann, wenn es sein soll, und recht-fertigt die Frage nicht. Wir sollten es fließen lassen und einfach beob-achten, wie es sich entwickelt. Das heißt wiederum nicht, dass wir nicht handeln müssen. Es geht nur darum, nicht strategisch oder ge-plant, sondern aus dem Augenblick heraus zu handeln. Dieser zeigt sich, wenn er reif ist. Das hat etwas mit Vertrauen zu tun.

Habe ich das richtige Hobby (berufliche Tätigkeit)?

Falsch und Richtig sind Zuweisungen des Denkens. Es gibt keine falsche Tätigkeit, nur Menschen, die sie als solche deklarieren. Jeder Mensch macht zu jeder Zeit das absolut Richtige. Würde er es sonst tun?

Er kann nicht anders, weil er nur seinem kosmischen Plan folgen kann, und dessen Richtung ist vorskizziert. Es mag Abweichungen geben, da unser Denken und unsere Handlungen das Leben be-stimmen. Somit kann es sich jeden Augenblick ändern, so wie wir uns jeden Augenblick verändern können.

Sie sehen, eine Frage muss eigentlich nicht beantwortet werden, wenn sie wirklich verstanden wird. Sie zu verstehen bedeutet hinter die Frage zu sehen und zu erkennen, aus welchem Bewusst-sein heraus sie gestellt worden ist. Logisch sind diese Einsichten natürlich nicht nachzuvollziehen, doch universell ganz bestimmt. Gott würde sich nicht fragen, was er ist, weil ihm dazu das Denken fehlt. Es versteht sich von selbst, dass er alles, in allem und durch alles ist, ohne dabei wirklich zu sein. Der Mensch hat die Sinne. Diese erzeugen Fragen. Die Fragen sind nicht das Problem, sondern der Wunsch, eine logische Antwort zu erhalten.

Warum wollen wir Antworten? Weil wir glauben, darin eine Lö-sung für unser Problem zu finden oder darin einen Hinweis für eine Veränderung zu entdecken. Es gibt weder gute noch schlechte Antworten, nur unnütze oder unbewusste Fragen. Wer aus der

Dualität heraus Fragen stellt, wird darin seine Schwächen, Irr-meinungen und Missverständnisse erkennen. Wer als Bewusstsein fragt, fragt anders, und wer Bewusstsein ist, dem wird keine Frage mehr einfallen.

Wer bewusst lebt, weiß, dass die Antwort schon da ist, bevor sich die Frage stellt. Die Antwort liegt in uns. Die Frage kommt aber meistens vom Kopf. Somit kommt beides meistens von un-terschiedlichen Stellen, somit passt das nicht zusammen. Eine Fra-ge, die von innen kommt, wird der Verstand nicht beantworten können. Warten Sie also nicht auf eine Stimme oder eine Erschei-nung, die Ihnen antwortet. Es kommt auch kein Fax oder kein Anruf. Eine wahre Antwort ist eine innere Gewissheit. Es bewegt sich eine Frage in Ihnen und Sie erkennen die Antwort. Sie richten Ihr Bewusstsein auf eine Aufgabe und Sie erkennen die Lösung, wobei alles gleichzeitig geschieht, und zwar jetzt.

Und jetzt schauen wir einmal aus diesem universellen Erkennen miteinander auf unser Leben. Schauen wir einmal, welche Akzente wir dort gesetzt haben und wie man das eventuell abrunden kann.

HILFREICHE SELBSTANALYSE PRAKTIZIEREN

Eine gute Hilfe ist es zu wissen, welcher Richtungsmensch Sie sind. Wir wissen so viel, aber über uns selbst wissen wir kaum etwas. Das, was wir von uns wissen, ist nicht wirklich hilfreich, weil es lediglich Vorstellungen und Glaubenssätze sind. Wir glauben so oder so zu sein, doch sind wir das wirklich? Sind wir so, wie wir es uns denken? Sind wir so, wie uns die anderen sehen? Natürlich nicht! In einem tieferen Sinne sind wir im Grunde genommen sowieso etwas ganz anderes als das, worüber wir uns definieren. Aber lassen Sie uns vorerst einmal hinschauen, in welche Richtung wir tendieren.

Nehmen wir ein Beispiel, damit Sie sehen, was ich meine. Jeder hat eine Vorstellung, wenn ich zum Beispiel Südländer sage. Sofort haben Sie ein Bild vor den Augen: etwas kleiner, schmächtig, dunkle Haut, lebendig, temperamentvoll, familiär eingestellt und auf Genuss aus. Isst und trinkt gerne, ist leidenschaftlich. Ein Mensch, der eine bestimmte Art hat, wie Südländer eben so sind. Dieses Bild ist ein Klischee. Jeder Südländer ist anders, auch wenn sie viele Gemeinsamkeiten haben. Sie können die Energie und die Gedanken über einen Südländer erfassen, und doch ist es nur ein Bild.

Schauen wir uns noch kurz das Gegenteil, den Nordmenschen, an. Er ist groß, blond, blauäugig, kraftvoll, dynamisch, etwas kühl, ordentlich, fleißig, strebsam, der Macher und der Manager, der die Dinge anpackt.

Und wie ist der Ostmensch? Er ist der Wissende. Die Weisheit kommt aus Indien, aus China. Das ist der, der in die Tiefe der Wirklichkeit eintaucht, der Klarheit hat und Festigkeit. Einer, der in sich ruht, es aber mit Sauberkeit nicht so genau nimmt. Er kennt keinen Druck und lebt den Tag so, wie er kommt, was uns auch guttun würde.

Das Gegenteil vom Ostmenschen ist der Westmensch. Er ist ständig am Arbeiten und in Bewegung. Er ist rastlos, ruhelos, diffus, zerstreut, macht alles Mögliche gleichzeitig, ist aufgelöst, weiß oft nicht, was er will, hat viele Fähigkeiten, aber findet nur schwer seine Richtung.

Das sind so die Grundtypen, die es gibt. Zu den Halbrichtungstypen gehört zum Beispiel der Südostmensch. Er hat die Leidenschaftlichkeit des Südmenschen und das Wissende des Ostmenschen. Das wird der Lehrer, der Fanatiker, der Revolutionär, der leidenschaftlich die Weisheit unter das Volk bringt.

Der Südwestmensch dagegen ist ganz anders. Er hat auch die Leidenschaftlichkeit und die Genusssucht des Südmenschen, aber er hat das Diffuse des Westmenschen. Es ist der Genießer, der Bonvivant. Den kann man sich am besten in einer Hängematte unter Kokospalmen vorstellen. Verträumt, geschehen lassen, die Vielfalt genießen.

Der Nordwestmensch dagegen, der hat den Fleiß, das Dynamische des Nordmenschen, aber auch das Aufgelöste, Diffuse des Westmenschen. Das wird der erfolgreiche Autor, Musiker, Mystiker.

Und der Nordostmensch, der hat wieder den Fleiß, die Dynamik des Nordmenschen und das Wissen, die Weisheit des Ostmenschen. Das wird der Erfolgreiche. Das sind die erfolgreichsten Unternehmer in dieser Richtung.

Und jetzt stellen Sie einmal fest: Wo stehen Sie? Welcher Richtungstyp sind Sie am meisten oder am ehesten?

_____

_____

Vielleicht können Sie sich gar nicht einordnen. Machen Sie einmal Folgendes. Schreiben Sie mindestens 15 Eigenschaften, Gewohnheiten und Richtungen auf, die Sie leben, zu denen Sie tendieren, die Sie ausmachen. Wählen Sie vorerst nur die, die Sie für gut halten:

1. _____

2. _____

3. _____

4. _____

5. _____

6. _____

7. _____

8. _____

9. _____

10. _____

11. _____

12. _____

13. _____

14. _____

15. _____

Nun schreiben Sie diejenigen auf, die Sie an sich selbst nicht so besonders schätzen. Schreiben Sie ruhig alles auf. Es geht nicht darum, dass Sie sich bewerten oder für etwas schlecht fühlen. Bleiben Sie sachlich und sehen Sie es nicht streng. Das, was Sie als Schwäche sehen, ist für jemand anders vielleicht gar keine, und außerdem kann man jede Schwäche in Stärke umwandeln. Es geht nur darum, nicht wegzusehen und sich ihrer bewusst zu werden:

1. _____

2. _____

3. _____

4. _____

5. _____

6. _____

7. _____

8. _____

9. _____

10. _____

11. _____

12. _____

13. _____

14. _____

15. _____

Nun lassen Sie das einmal so im Raum stehen. Fragen Sie bei Gelegenheit Ihren Partner, Ihre Eltern, Kinder oder Freude, welcher Typ Sie in ihren Augen sind. Was ist typisch für Sie? Wie beschreibt man Sie?

Interessant wird es, wenn Sie MEHRERE Meinungen einholen und sie miteinander vergleichen. Spannend wird es, wenn Sie die Ergebnisse mit Ihrer Liste vergleichen. Sie werden sehen, dass nur drei bis fünf Begriffe gleich sein werden, wenn dies überhaupt der Fall ist. Fakt ist, dass Sie jeder nur aus seiner Perspektive sehen kann. Diese beruht auf Erfahrungen, die er mit Ihnen gemacht hat. Auf Momenten, in denen Sie ein anderer so oder so erlebt hat, wobei er Sie jedes Mal interpretiert hat. Er hat in Ihnen Sachen gesehen, die Sie nicht ausgesendet haben und denen Sie nicht entsprechen.

Lassen Sie ein paar Tage verstreichen, und dann lesen Sie Ihre Notizen noch einmal durch. Lassen Sie vor allem die Begriffe, die

Sie nicht besonders gut finden, auf sich wirken. Lesen Sie jeden einzelnen Punkt und sprechen Sie ihn mehrmals hintereinander laut aus. Dann schließen Sie die Augen und lassen das Wort auf sich wirken.

— PAUSE —

Was macht das Wort mit Ihnen? Fühlen Sie sich schlecht? Ist es Ihnen egal? Wie fühlt es sich an?

_____

_____

Machen Sie sich nun bewusst, dass das Gefühl nicht Ihnen gehört. Sie empfinden es so, doch Sie können es auch einfach nur beobachten. Stellen Sie sich vor, das Gefühl ist eine Wolke. Sie kommt und geht und zieht wieder vorbei. Warum sich also auf ihr niederlassen? Es gibt keinen Grund dazu, ein schlechtes Gefühl festzuhalten.

— PAUSE —

Wenn Sie energetisch hinspüren, wissen Sie jetzt vielleicht auch, warum Sie so fühlen oder was Ihnen fehlt. Viele Emotionen basieren auf Angst, Selbstmitleid, Schuld- und Minderwertigkeitsgefühlen. Das hat etwas mit Selbstachtung zu tun. Vielleicht haben auch Sie sich durch Eltern, Umwelt, Vorbilder oder Beispiele zu sehr in irgendeine Richtung drängen lassen, die gar nicht die Ihre ist? Sind Sie in Ihrem Element?

Wir können das wieder besser mit einem Bild verdeutlichen: Stellen Sie sich einmal einen Schwan vor, der auf einem See schwimmt.

Wie würden Sie ihn beschreiben? Denken Sie einmal ein paar Eindrücke: majestätisch, gleitend, würdevoll, strahlend weißes Federkleid, erhaben. Wir brauchen gar nicht weiterzumachen, wir haben im Prinzip fast alle den gleichen Eindruck.

Und jetzt stellen Sie sich den Schwan einmal an Land vor. Wie würden Sie ihn da beschreiben? Unbeholfen, schwerfällig, schmutziges Federkleid und nicht mehr so geschmeidig. Was ist passiert? Es ist der gleiche Schwan. Aber er ist nicht mehr in seinem Element!

Und jetzt stellen Sie sich vor, dass dieser Schwan an Land einem Hasen begegnet. Er sieht, wie flink der rennen kann. Dann begegnet er einem Affen und er sieht, wie flink der klettern kann. Nun trifft er einen Bären und sieht, wie stark der ist.

Wenn er jedes Mal »das kann ich nicht« denken würde, würde ihn das schwächen. Er würde seine Stärken vergessen. Hase, Affe und Bär können weder fliegen noch im Wasser gleiten. Auch sie denken nicht darüber nach. Beim Menschen verhält es sich anders. Er vergleicht sich ständig mit anderen und sieht immer nur, was er nicht kann oder was der andere kann.

Wenn sich der Schwan so wie der Mensch verhalten würde, würde er damit beginnen die anderen Tiere nachzuahmen. Diszipliniert würde er üben, an sich arbeiten und versuchen so schnell zu rennen wie der Hase, so flink zu klettern wie der Affe und so stark zu werden wie der Bär. Natürlich hat er keine Chance, und das Ergebnis wäre Frustration. Es gibt eine wichtige Erkenntnis. Sie zu wissen reicht nicht aus, wir müssen sie erfahren, und zwar direkt. Sie lautet: Ich bin vollkommen. Als Mensch bin ich es nicht.

Wenn jemand sagt: »Ich kann so manches, was ich gerne machen möchte, nicht«, hat er seine Einmaligkeit vergessen. Und ich weiß auch schon die Antwort auf das Problem. Sie auch?

Da wir vorhin die Fragen geübt haben, versuchen Sie einmal die Antwort darauf zu geben:

_____

_____

_____

— PAUSE —

Ich würde Folgendes sagen:

Nichts mehr wünschen und mich mit niemandem vergleichen ist der magische Zauber, der das Problem erlöst. *Schließen Sie die Augen und lassen Sie diesen Satz auf sich wirken.*

— PAUSE —

Der Schwan an Land setzt sich falsche Ziele. Er geht diszipliniert in die falsche Richtung. Er versucht so gut zu werden wie die anderen auf ihrem Spezialgebiet.

Also prüfen Sie einmal für sich, wo Sie stehen. Jeder Mensch ist ein Schwan, doch die meisten tummeln sich an Land.

Prüfen Sie einmal, wo Ihr Element ist:
Wo bin ich zu Hause? Wo gleite ich majestätisch dahin?

_____

_____

_____

_____

Wo stimmt es einfach für mich?

_____

_____

_____

_____

Und wo stimmt es nicht?

_____

_____

_____

_____

Was ist mein wahres Ziel?

_____

_____

_____

_____

Erkennen Sie Ihre Zielhindernisse. Dazu gehört zum Beispiel auch, eine Liste Ihrer Tätigkeiten zu machen. Wie verbringen Sie Ihren Tag? Was machen Sie den ganzen Tag? Schreiben Sie einfach mal alles auf.

Und dann nehmen Sie Ihre Liste und prüfen einmal Punkt für Punkt: Welcher Punkt führt mich näher an mein Ziel, welcher hilft mir und welcher Punkt stört?

Vielleicht werden Sie erstaunt oder gar entsetzt sein, bei wie vielen Punkten Sie sich sagen müssen: Das bringt mich meinem Ziel überhaupt nicht näher. Das bin ich eigentlich gar nicht. Da bin ich an Land.

Entfernen Sie das, was nicht mehr zu Ihnen passt, aus Ihrem Leben. Lassen Sie es weg. Kehren Sie in Ihr Element zurück und gleiten Sie wieder majestätisch dahin. Konzentrieren Sie sich auf das Wesentliche! Entfernen Sie Zeitfresser aus Ihrem Leben: Bekannte, mit denen Sie über andere reden und ständig Kritik üben, wahlloses Fernsehen, übertriebenes Internetsurfen oder Shoppen, sinnlose Tätigkeit, falsche Gewohnheiten etc. Seien Sie einfach wieder ganz der Schwan, der in seinem Element ruht. Seien Sie ein Original. Erkennen Sie Ihre Einmaligkeit und leben Sie sich selbst.

WIE SEHEN SIE SICH SELBST?

Lassen Sie uns einen Schritt weiter in das Selbstmanagement eintauchen. Überprüfen wir einmal, welche Ursachen Sie bewusst oder unbewusst mit Ihrem Äußeren und Auftreten setzen.

Jeder Mensch hat vom anderen einen Eindruck, und innerhalb von 7 Sekunden wird sich Ihr Gegenüber von Ihnen ein Bild machen. Die ersten 7 Sekunden wird es sich entscheiden, ob der andere Sie sympathisch findet oder nichts mit Ihnen anfangen kann. Das Verhalten, die Kleidung, die Sprache, Gestik und Mimik, ja das ganze Aussehen kann hier eine Rolle spielen. Oft hat es gar nichts mit Äußerlichkeiten zu tun, sondern vielmehr mit der Ausstrahlung. Man könnte sagen, die Schwingung stimmt oder stimmt nicht. Warum ist das so?

Es nutzt nichts zu sagen: »Hätte ich mich doch anders benommen, hätte der andere anders auf mich reagiert.« Man kann Menschen riechen oder nicht riechen, und bei einigen ergreift man einfach die Flucht. Die, die man am liebsten nicht mehr aus den Augen verlieren möchte, kommen etwas seltener vor. Jedoch sind beide Varianten die Minderheit. Die Mehrheit sind die Menschen, an denen man vorübergeht. Man nimmt sie kaum wahr, weil sie eben keine Rolle in unserem Leben spielen. Es ist wissenschaftlich bewiesen, dass jeder Mensch bis zu 6 Personen hat, die in seinem Leben eine gewichtige Rolle spielen. Alle weiteren sind in Randbereichen –

gut oder weniger gut – angesiedelt, die keine innige Beziehung zu uns haben.

Schreiben Sie doch mal die 6 Personen auf, mit denen Sie ständig zu tun haben und die eine gewichtige Rolle für Sie spielen. Sie werden sehen, dass es die Zahl 6 nicht übersteigt:

1. _____

2. _____

3. _____

4. _____

5. _____

6. _____

Überlegen Sie einmal, welche Eigenschaften diese Menschen verbindet. Versuchen Sie zumindest eine Verhaltensform bzw. Charaktereigenschaft zu finden, die sie gemeinsam haben.

_____

_____

_____

_____

_____

_____

Schreiben Sie jetzt auf, was Sie an diesen 6 Personen sehr schätzen:

1. _____

2. _____

3. _____

4. _____

5. _____

6. _____

Und was schätzen Sie nicht? (Es dürfen auch mehrere Punkte sein.)

1. _____

2. _____

3. _____

4. _____

5. _____

6. _____

Schauen Sie bitte hin, ob Sie auch diese Eigenschaften haben bzw. sie bei sich entdecken können. Meistens bekommt man seine Schwächen durch andere gespiegelt. Wenn Sie feststellen, dass Sie eine Eigenschaft nicht haben und Sie sich trotzdem daran stören, dass der andere sie hat bzw. nicht ablegen kann, arbeiten Sie am Thema Toleranz. Jeder Mensch darf so sein, wie er ist, und so, wie er ist, ist er gut. Auch Sie haben Eigenschaften, die andere vielleicht nicht so gut finden. Auch Sie möchten, dass man Sie nimmt, wie Sie sind. Oder nicht?

Was könnten Sie zukünftig tun, um diese alten Charakterzüge zu harmonisieren?

_____

_____

_____

_____

_____

Es wäre interessant zu wissen, was Sie eben niedergeschrieben haben. Eine gute Möglichkeit wäre, weniger zu sprechen und nicht ständig seine Meinung zu äußern. Mehr zuzuhören ist heilsam, und Sie müssen nicht immer alles hinausposaunen. Weniger Worte bedeutet auch weniger Wirkungen, die man erleiden muss, wenn man wieder einmal zu schnell etwas unbedacht drauflosplappert.

Nun können Sie auch noch die Menschen festhalten, die darüber hinaus einen Stellenwert haben und zu Ihrem Leben gehören. Das sind nicht nur die, die dazugehören, weil sie wichtig und gut sind, sondern auch die, mit denen es ständig Reibereien gibt, wie zum Beispiel in der Familie oder am Arbeitsplatz. *Die Menschen, die Ihnen egal sind und mit denen Sie nicht viel anfangen können bzw.*

nicht in andauerndem persönlichem Kontakt sind, gehören nicht dazu:

1. _____

2. _____

3. _____

4. _____

5. _____

6. _____

Nun möchten wir uns ansehen, wie Sie sich selbst sehen und erleben. Ihr Selbstbild setzt nämlich Ursachen, und auch Ihre Erwartungen an sich selbst haben einen Einfluss auf Ihr Leben. Die meisten Menschen sind zu selbstkritisch und gehen mit sich zu hart ins Gericht.

Was haben Sie für ein Selbstbild? Wie sehen Sie sich?

_____

_____

_____

_____

_____

_____

Wie sehr mögen Sie sich?

Sehr	☐
Weniger	☐
Mal so, mal so	☐
Kann mich nicht ausstehen	☐

Welche Forderungen stellen Sie an sich?

_____

_____

_____

_____

Sind Sie ... zu streng mit sich	☐
neutral	☐
zu nachsichtig?	☐

Was mögen Sie an sich?

_____

_____

_____

_____

Worauf würden Sie gerne verzichten?

_____

_____

_____

_____

_____

Möchten Sie mit sich selbst verheiratet sein?

Ja ☐   Nein ☐

Interessant ist es, dass die meisten Menschen an sich mehr negative als gute Eigenschaften finden. Das liegt aber nicht daran, dass sie so viele negative Eigenschaften haben, sondern daran, dass sie vieles Positive an sich selbst gar nicht wahrnehmen. Wenn Sie auf Menschen treffen und sie fragen, welche gute Eigenschaften Sie an Ihnen schätzen, würden Sie ob der Antworten staunen. Aber auch im umgekehrten Sinne würden Sie verblüfft sein, dass Eigenschaften, die andere als negativ bezeichnen, Ihnen gar nicht auffallen oder von Ihnen gar nicht als schlecht angesehen werden. Dies zeigt, dass jeder Mensch ein anderes Empfinden hat und jeder völlig anders gepolt und programmiert ist.

TAUCHEN SIE IN
DAS WOHLSTANDSBEWUSSTSEIN EIN

Mit welchen Qualitäten erfüllen Sie Ihr Bewusstsein? Wir können es jetzt gerade mit einer Qualität erfüllen, die wir alle brauchen, nämlich Wohlstandsbewusstsein, und zwar auf allen Ebenen.

Wir alle haben negative Glaubenssätze ins uns verankert. Meist sind es Kernglaubenssätze, die unser ganzes Leben bestimmen. Machen Sie sich vorerst ein bis drei davon bewusst. Ich gebe Ihnen ein paar Beispiele, damit Sie wissen, was damit genau gemeint ist:

- Ich brauche kein Geld, um glücklich zu sein.
- Für Geld muss man arbeiten.
- Mit dem Alter kommen die Krankheiten.
- Man kann im Leben nicht alles erreichen.
- Es ist schwer, wirklich gute Freunde zu finden.
- Erfolg ist nur mit Anstrengung erreichbar.
- Man muss damit rechnen, dass immer etwas schiefläuft.
- Das Leben ist hart.

- Das Leben ist ein Kampf.
- Ohne Fleiß keinen Preis.
- Es kommt nichts Besseres nach.

Vielleicht können Sie unter den eben genannten Glaubenssätzen schon einen entdecken, den Sie selbst bereits gedacht oder ausgesprochen haben? Dann kreuzen Sie ihn gleich an, um festzuhalten, was Ihnen im Weg steht, um Veränderung zu erzielen. Sollte es noch andere geben, halten Sie sie bitte fest:

_____

_____

_____

_____

_____

Nun gehen Sie die einzelnen Lebensbereiche wie Gesundheit, Partnerschaft, Beruf, Geld, Zukunft etc. durch und schauen Sie, wie Sie darüber denken. Wo haben sich Glaubenssätze eingenistet? Schreiben Sie sie auf und setzen Sie nachfolgend gleich die Richtigstellung ein:

Beispiel:
MAN MUSS DAMIT RECHNEN, DASS IMMER ETWAS SCHIEFLÄUFT.
UMFORMULIERT: ALLES LÄUFT GUT, UND ICH NEHME IN FREUDEN AN, WAS AUCH IMMER KOMMEN MAG.

(Was ich gegenteilig empfinde, ist nur mein Gefühl. Die Sache selbst kann nur so laufen, wie sie läuft, und ist immer in Ordnung. Sie hat mir etwas zu sagen. Es steckt eine Botschaft dahinter. Ich arbeite daran, die Dinge anders zu sehen und nicht immer zu kritisieren. Kritik ist ein Energieräuber!)

Gesundheit:

_____

_____

Umformuliert:

_____

_____

Partnerschaft:

_____

_____

Umformuliert:

_____

_____

Beruf:

Umformuliert:

Geld:

Umformuliert:

Zukunft:

Umformuliert:

TAUCHEN SIE IN DAS WOHLSTANDSBEWUSSTSEIN EIN

Sonstiges:

_____

_____

Umformuliert:

_____

_____

Warum die Umkehrung so wichtig ist? Es gibt geistige Gesetze, und eines davon lautet: Einem jeden geschieht nach seinem Glauben. Das steht schon in der Bibel geschrieben. Wenn Sie glauben, dass nichts Besseres nachkommt, halten Sie an dem Unvollkommenen fest. Sie denken sich vielleicht: »Ja, das was ich habe, ist zwar nicht optimal, aber ich kenne es wenigstens und kann einigermaßen damit umgehen. Es kommt ohnehin nichts Besseres nach!« Und weil Sie glauben, dass nichts Besseres nachkommt, kann auch nichts Besseres nachkommen! Dann machen Sie auch noch die Erfahrung, dass nichts Besseres nachkommt. Dabei sagen Sie: »Ich habe es ja gewusst! Ich habe es ja gesagt, dass ...« Es ist aber nicht nichts Besseres nachgekommen, weil Sie das gewusst, sondern weil Sie es so programmiert haben. Es ist eine Folge Ihrer Gedanken. Gedanken formen das Leben! Glaubenssätze immer wieder zu wiederholen ist eine Endlosschleife. Sie drehen sich im Kreis und sind in dieser Stagnation gefangen.

»Heute ist ein bescheuerter Tag!« Nach dem Aufstehen hat der Tag allen Grund, sich so zu zeigen, wie Sie es ja schon beschlossen haben. Oder jemand sagt zu Ihnen: »Du wirst sehen, das geht ohnehin schief!« Übernehmen und akzeptieren Sie solche Aussagen nicht. »Nein! So sehe ich das nicht!«, wäre eine Antwort, die infrage käme, wenn Sie diese Aussage nicht ignorieren können. Sie haben keinen Grund zu glauben, dass etwas schiefgehen wird. Warum sollten Sie? Wenn Sie schon mehrere negative Erfahrungen gemacht haben, liegt es auf der Hand, dass Sie es aufgrund dessen so sehen werden. Doch jede Situation ist neu. Vergleichen Sie nie etwas mit etwas anderem. Ganz gleich, worum es geht. Vergleiche sind Gift!

Ein neuer Glaubenssatz hat nur Kraft, wenn Sie ihn aus reinem Herzen sagen. Ihn einfach zu sagen, weil Sie denken, dass es nützlich ist, wird nicht wirklich helfen. Es geht also nicht darum, dass Sie etwas anderes sagen, um eine Veränderung zu erzielen, sondern zu erkennen, dass Ihre bisherigen Aussagen längst überholt sind und einfach nicht stimmen. Drehen Sie alles um, damit sich Ihr Leben umkrempeln kann. Kernglaubenssätze bestimmen Ihr Leben.

Noch nie ist es einem gelungen, mit einem Mangelbewusstsein im Wohlstand zu leben. Das ist nicht möglich. Spüren Sie Misserfolgsmechanismen in allen Bereichen Ihres Lebens auf und erlösen Sie diese alteingefahrenen Muster. So gehen Sie langsam, aber sicher vom Opferbewusstsein ins Schöpferbewusstsein über. Der Weg, den jeder eines Tag gehen wird. Eigentlich gehen wir ihn schon alle. Manche laufen, einige bleiben stehen und trödeln am Wegrand, und weitere schlendern vor sich hin. Ganz gleich, wie schnell der Schritt ist, wichtig ist, dass wir nicht zu lange stehen bleiben und stagnieren. Wir haben alle Zeit der Welt und die Geduld Gottes auch. Sie kennt keine Zeit und wird uns so oder so nach Hause begleiten.

OPFER ODER SCHÖPFER?

Glauben Sie noch an Glück, Pech oder Zufall? Wenn ja, leben Sie noch in der Rolle des Opferbewusstseins. Das ist nicht weiter schlimm, aber es würde sich jetzt die Gelegenheit anbieten, die Weichen neu zu stellen. Der Aufbruch ins Schöpferbewusstsein ist bei Ihnen ja bereits geschehen, sonst hätten Sie sich dieses Buch nicht gekauft. Doch kehrt das Ego immer wieder gerne ins Egobewusstsein zurück, und erfolgreiches Selbstmanagement ist gefragt, um die alten Gewohnheiten abzuschütteln.

Die herkömmliche Opferhaltung, die die Mehrheit der Menschen betreibt, ist menschlich und Teil des göttlichen Plans. Uns daraus zu befreien ist die Aufgabe unseres Lebens. Dafür leben wir, um diese Aufgabe zu bewältigen. Was ist der Unterschied zwischen Opfer und Schöpfer? Derselbe wie zwischen dem Ich und dem Selbst, dem niedrigen Ich und dem höchsten Selbst. Was zeichnet das Selbst aus? Wo hängt das Ich noch fest? Interessante Fragen, die wir uns gemeinsam ansehen wollen.

Was fehlt dem Ich? Dem Ich fehlt es an vielem: Selbstbestimmtheit, Verantwortung und Aufrichtigkeit sind nur drei Punkte von unendlich vielen. Gewaltbereitschaft besitzen wir auch fast alle. Dies bezieht sich natürlich nicht nur auf das Körperliche, sondern auch auf die fehlende Sanftmut in Gedanken und Worten. Es heißt nicht umsonst: Krieg beginnt im Kopf.

Und wovon hat das Ich zu viel? Ichbezogenheit, Unklarheit, Selbstmitleid, Trägheit, Eifersucht, Zorn, Neid, Hass, Missgunst, Gier, Wut ... um nur einige davon zu nennen. Die Liste ist lang.

Das Opfer gibt gerne den anderen Schuld: den Lehrern und Eltern, den Politikern, der Zeit oder dem Zufall. Aber auch sich selbst schuldig zu fühlen bringt nichts, da sich Handlungen zwar über das Menschsein vollziehen, wir aber nicht der Handelnde sind. »Die anderen haben mich nicht richtig verstanden, mich nicht genug gefördert, mir nicht die richtige Position zugewiesen, mir Schlechtes getan ...« Mit solchen Sätzen kann man gut von sich selbst ablenken und seine Schwächen kurzzeitig verbergen. Das ist die Haltung eines Opfers, die schon etwas kindisch ist.

Verantwortung zu übernehmen heißt nicht nur hinter seinen Handlungen zu stehen, sondern sich absolut bewusst zu sein, *dass jedes Drama von mir aus geht.* Es gibt keine anderen, die schuld wären! Ein Schöpfer übernimmt zunächst einmal die volle Verantwortung für seine Situation. Er sagt: »So ist es. Ich bin die Ursache für meine Lebensumstände!«, was aber nicht bedeutet, dass ich mich schuldig fühlen muss. Der Ablauf des Lebens hat es so gefügt, und ich füge mich diesem Ablauf. Wer so lebt, wird sich unweigerlich für das Schöpferbewusstsein öffnen. Also übernehmen Sie die Verantwortung und streichen Sie die Worte wie Pech, Glück und Zufall aus Ihrem Leben. Auch »Ich kann nicht!« oder »Das geht nicht!« können Sie beiseitelassen, da diese Sätze in Wirklichkeit keine Bedeutung haben.

Ein Zufall ist das, was jedem von uns zufällt, das, was er verursacht. Und er kann das jetzt Glück nennen oder Pech. Aber die Ursache liegt bei ihm, weil sie seinem Bewusstsein entspricht. Das wissen wir alle, aber sind wir uns dessen auch wirklich bewusst? Übernehmen wir auch für diesen Satz volle Verantwortung, damit wir ihn in der gesamten Tragweite erfassen können.

DER SCHLUSS IST DER BEGINN

Ich habe einmal in einem Buch gelesen, dass es drei Regeln für ein glückliches und sorgenfreies Leben gibt. Beschrieben waren sie darin aber nicht. Das fand ich seltsam, aber ich beklagte mich nicht. Ich nutzte die Chance und fragte mich, was das wohl sein könnte. Im Laufe der Zeit haben sich folgende Punkte herauskristallisiert, und es sind zwei mehr geworden als geplant:

SICH DER HAUPTROLLE BEWUSST ZU SEIN:

Spielen Sie die Hauptrolle in Ihrem Leben. Prüfen Sie, ob Sie es tun, und wenn nicht, fangen Sie jetzt damit an. Sie spielen als Mutter oder Frau, Angestellte oder Nachbarin keine Nebenrolle. Gehen Sie ganz in Ihrer Hauptrolle auf und bestimmen Sie Ihr Leben, liebevoll und bedacht, ohne Ellbogentechnik, aber mit Durchsetzungsvermögen. Leben Sie nicht nach den Erwartungen anderer, sondern leben Sie so, dass es für Sie stimmig ist.

HINGABE UND VERTRAUEN:

Das Leben liebt uns, deswegen können wir uns gerne von ihm leiten lassen. Auch das hat etwas mit Vertrauen zu tun. Leisten wir keinen Widerstand, sondern geben wir uns hin. Machen wir aus jeder Situation das Beste und sehen wir alles als Chance. Es gibt keine Misserfolge, nur Erfahrungen und Aufgaben, die wir erfüllen sollten.

GENIESSEN UND GLEICHKLANG LEBEN:

Die Kunst des Genießens und des Gleichmuts für sich entdecken. Alles darf sein, wie es ist. Genuss entsteht durch den Augenblick. Wer nicht nach vorn oder zurück denkt, lebt im Hier und Jetzt. Zukunft und Vergangenheit entstehen erst, wenn wir darüber nachdenken oder darüber sprechen. Deswegen erzeugen wir keine Bilder, sondern genießen wir die Bilder, die sich uns *jetzt* zeigen, in ihrer ganzen Fülle.

NICHTS PERSÖNLICH NEHMEN:

Der Alltag wird zu etwas ganz Besonderem, wenn man nichts persönlich nimmt. Alles ist wichtig, aber ich nehme nichts ernst, damit es mich emotional berührt. Gute und schlechte Emotionen sind ein und dasselbe. Wer sich nicht damit identifiziert, ist frei und lebt unpersönlich, aber nicht unbeteiligt.

KEINE VERGLEICHE ANSTELLEN UND SO WENIG KRITIK WIE MÖGLICH ÜBEN:

Jeder erlebt und sieht die Dinge anders. Alle leben in und aus ihrem Kopf. Wozu also Vergleiche anstellen, wo doch jeder anders ist? Alle Lebewesen sind verschieden, und keines muss uns gleichen. Auch braucht keines unsere Erwartungen zu erfüllen oder uns zu entsprechen. So hat jeder recht, natürlich nur aus seiner Sicht. Die universelle Kraft kennt weder Recht noch Unrecht, sie wirkt durch alles, und alles ist in ihr verankert.

LOSGELÖST LEBEN:

Ich erzeuge keine Bindungen und löse mich von diesen alten Strukturen. Ich bin Gast auf diesem Planeten und nutze alles, was ich habe, mit Genuss und Hingabe. Habe ich viel, verteile ich es mit Freude, und zwar so, wie ich es für richtig halte. Habe ich wenig, lerne ich dankbar anzunehmen. Geld gehört uns nicht, wir verwalten es nur!

Das Leben lässt sich nicht planen, aber man hat 24 Stunden am Tag die Möglichkeit, es zu genießen. Das Buch mag für heute hier zu Ende sein, aber die Umsetzung beginnt für Sie jetzt. Dr. Alltag wartet auf Sie, und der Unterricht dauert 24 Stunden am Tag. Die Schulzeit war hingegen nicht so intensiv! Während des Lebensunterrichts schaut Ihnen etwas über die Schulter, und das ist nichts Geringeres als das, wonach Sie sich innerlich so sehr sehnen. Der eine mehr, der andere weniger, aber uns alle hält es am Leben.

Wenn Sie ein guter Schüler sind, bleibt Ihnen der unerfreuliche Nachhilfeunterricht erspart. Deswegen schauen und horchen Sie stets gut hin, sonst könnte es ab und an unangenehm werden. Aber auch das gehört zum Leben, und es ist kein Grund, dagegen anzukämpfen. Freuen Sie sich, wenn es Ihnen weniger gut geht, denn schon bald wird wieder die Sonne scheinen. Jedem Tief folgt ein Hoch, das ist gewiss. Und dass alles im Leben vergeht, ist ein wunderbarer Trost und Lebensleitsatz. Also: Bevor Sie morgens aufstehen, gehen Sie in sich und wachsen Sie über sich hinaus. Seien Sie der, der Sie wirklich sind, und machen Sie sich bewusst, dass der Tag nur darauf wartet, Ihnen ein Geschenk zu sein. Der Tag ist Ihre Entsprechung. Gefällt er Ihnen nicht, erneuern Sie Ihren Ausdruck und Ihre Art des Hierseins, damit die Wirkung als Entsprechung harmonischer sein kann.

Wussten Sie, dass ...?

... Sie ein spirituelles Buch, das Sie einmal gelesen haben, eigentlich nicht wirklich gelesen haben? Lesen ist die Saat, und je mehr Sie säen, umso reicher wird die Ernte ausfallen. Erst wenn Sie es mehrmals lesen und den Inhalt verinnerlichen, wird es beginnen, Früchte zu tragen. Warum?

Weil Sie bei jedem Mal Lesen tiefer ins sich vordringen und der Inhalt in Ihnen wirken kann, während Sie die Impulse bewusst in Ihr Leben einfließen lassen. Ich kann nicht oft genug sagen, dass gewusstes Wissen gelebtes Wissen nicht ersetzt. Je öfter Sie etwas lesen, umso größer ist die Chance, dass es in disharmonischen Situationen auch angewendet wird. Haben Sie es auch schon mal erlebt, dass in Ihnen sinngemäß plötzlich ein gelesener Satz aufsteigt, der Ihnen die Richtung weist?

Wenn nicht, haben Sie die Chance noch nicht genutzt, um von den Früchten zu profitieren. Wer nur liest, um Antworten zu erhalten, und alles verstehen will, liest mit dem Verstand. Wer mit dem Herzen liest, betritt eine neue Dimension, nämlich seine eigene, die sich unter der Kleidung und unter dem Körper versteckt. Sie werden jedes Mal andere Erkenntnisse darin entdecken und Einsichten erlangen, die völlig neu sind. Einsichten müssen sich entwickeln. Vom Himmel fallen sie nicht. Aber das Leben wird himmlisch, wenn Sie sich auf das Abenteuer Selbsterforschung wirklich einlassen und sich die Chance geben, sich selbst kennenzulernen.

Viel Freude und alles Gute
wünscht Ihnen Ihr
Kurt Tepperwein

PS: Zu Beginn des Buches habe ich Ihnen die Frage gestellt, was Sie sich wünschen und von diesem Buch erwarten. Es ging natürlich nicht darum, dass das Buch Ihre Erwartungen erfüllt, sondern darum, dass Sie diesbezügliche Erwartungen bis zum Ende des Buchs abgelegt haben. In diesem Fall gratuliere ich Ihnen. Falls Sie doch noch Erwartungen oder Wünsche haben, bleiben Sie dran und legen Sie diese nach und nach ab. Ohne Wünsche entsteht eine wohltuende Gelassenheit. Wer keine Erwartungen mehr hat, kann auch nicht enttäuscht werden, und ein Leben ohne Enttäuschungen ist einfach wunderbar. Und oft kann ein einziges Wort in uns ein Feuer entfachen, weil es vom Verstand nicht eingefangen worden ist. Manche Wörter fallen direkt ins Herz und hinterlassen eine goldene Saat.

ÜBER DEN AUTOR

Kurt Tepperwein wurde 1932 in Lobenstein geboren. Er war erfolgreicher Unternehmer und langjähriger Unternehmensberater, bis er sich 1973 aus dem Wirtschaftsleben zurückzog und Heilpraktiker sowie Bewusstseinsforscher wurde, um nach den wahren Ursachen von Krankheit und Leid zu suchen.

In seiner Naturheilpraxis hielt er für seine Patienten Seminare ab, die so großen Anklang fanden, dass sie heute in vielen Ländern veranstaltet werden. Er absolvierte vielfältige Ausbildungen und erfuhr unzählige Ehrungen. Seit 1997 ist Kurt Tepperwein Dozent an der »Internationalen Akademie der Wissenschaften«, wo er das von ihm etablierte Mentaltraining unterrichtet. Kurt Tepperwein hat bislang mehr als 80 Bücher und Hunderte von Videos, DVDs sowie Audio-CDs veröffentlicht.

Weiterführende Informationen zu
Büchern, Autoren und den Aktivitäten
des Silberschnur Verlages erhalten Sie unter:
www.silberschnur.de

Natürlich können Sie uns auch gerne den
Antwort-Coupon aus dem beiliegenden
Lesezeichenflyer zusenden.

Ihr Interesse wird belohnt!

176 Seiten, broschiert,
ISBN 978-3-89845-412-4
€ [D] 12,65

Kurt Tepperwein

Nichts geschieht umsonst

Die Sprache des Lebens verstehen

Alles, was uns begegnet, und alles, was uns widerfährt, sind Botschaften des Lebens, die uns etwas Wichtiges mitzuteilen haben. Wenn Sie diese Botschaften verstehen, können Sie diese optimal für sich nutzen, um ein erfolgreiches, erfülltes und gesundes Leben zu führen.
Beginnen Sie daher jetzt mit dem Sprachkurs »Deutsch-Leben/Leben-Deutsch«, um den Botschaften des Lebens endlich auf den Grund gehen zu können ...

224 Seiten, broschiert
ISBN 978-3-89845-546-6
€ [D] 14,95

Kurt Tepperwein

Die Kunst, sich und andere zu verstehen

Mit Face-Reading zu mehr Menschenkenntnis

Dieses Buch hilft uns dabei, unsere Wahrnehmung zu schulen, und bringt uns bei, über das Aussehen und das Verhalten unseres Gegenübers die Menschen besser zu erkennen und zu verstehen. Kurt Tepperwein lässt uns auch analysieren, warum uns etwas Bestimmtes an dem Gegenüber aufgefallen ist oder was uns dessen Verhalten sagt, und lädt ein zur Selbsterforschung und Selbsterkenntnis, zu einem wirklichen Verstehen des eigenen Ich.

184 Seiten, gebunden
ISBN 978-3-89845-400-1
€ [D] 14,95

Kurt Tepperwein

Das Huna-Geheimnis

Die hawaiianische Heilmagie

Huna bedeutet wörtlich »das verborgene Geheimnis«. Wer dieses Geheimnis kennt, kann sein Schicksal nach seinen Wünschen gestalten. Kurt Tepperwein enträtselt, wie jeder mit dem Wissen des hawaiianischen Schamanismus seine Kräfte gezielt einsetzen kann, um Gesundheit, Glück, Wohlbefinden und Erfolg zu erlangen. Er führt uns in die wichtigsten Denk- und Handlungsprozesse der Huna-Philosophie und – Magie ein und stellt uns Praktiken vor, mit denen wir die Huna-Lehre in unser Leben integrieren können.

160 Seiten, gebunden
ISBN 978-3-89845-516-9
€ [D] 12,95

Bärbel Mohr

Bestellungen beim Universum

Ein Handbuch zur Wunscherfüllung

Bärbel Mohr zeigt dir, wie du dir den Traumpartner, den Traumjob oder die Traumwohnung u.v.m. beim Universum »bestellen« kannst. Sie beweist, dass Du wirklich alles bekommen kannst, was du dir wünschst! Ihre Rezepte zur Erfüllung deiner Wünsche helfen dir, dein Leben viel positiver zu gestalten, damit du die Wunschbestellung erfolgreich abschicken kannst und die geordete Lieferung auch in vollem Umfang erhältst.

202 Seiten, gebunden mit
Schutzumschlag
ISBN 978-3-930243-30-3
€ [D] 10,80

Werner Ablass

Leide nicht – liebe

Über die Liebe zur Liebe ohne Objekt

Werner Ablass zeigt, wie man in die Schwingung von Agape gelangt – einer Liebe, bei der das Objekt zweitrangig ist. Das heißt: Man liebt nicht, weil man bestimmte Menschen oder Dinge liebenswert findet. Man liebt, weil man merkt, wie gut es einem dabei geht. Wer so liebt, wird dadurch zum Magneten für Harmonie, Glück und Erfolg und gelangt zu seiner wahren Natur, die nichts anderes ist als Liebe.

128 Seiten, 4-farbig,
wattiert, gebunden
ISBN 978-3-89845-499-5
€ [D] 12,95

Irene Lauretti

Mit der Kraft deiner Hände

Energieheilgriffe für schnelles Wohlbefinden

Stärken Sie schnell und effektiv Ihre Gesundheit, lindern Sie Beschwerden und füllen Ihre Energiereserven auf. Durch sanftes Halten der Finger und Berühren bestimmter Energiepunkte am Körper erreichen Sie jeden Bereich Ihres Seins. Die Heilgriffe aus diesem Buch geben Ihnen genau das, was Ihr Körper und Ihre Seele gerade benötigen!
Erreichen Sie ab sofort einfach und schnell mehr Wohlbefinden, Gesundheit und Vitalität!

Seena B. Frost

SoulCollage® – Kreativbilder deiner Seele
Das neuartige Arbeitsbuch zur Selbstfindung

SoulCollage® ist die neue, kreative Art, sich selbst besser kennenzulernen. Mit einer Schere, Fotos oder ein paar Magazinen und Klebstoff schaffen Sie Bilder Ihrer Seelenlandschaften. Die Seelencollagen geben uns die Möglichkeit, unserer intuitiven Weisheit zu lauschen, die durch die Bilder der Karten auftaucht. Und so entdecken wir unsere Seele mit ihren Schatten sowie ihren angeborenen Fähigkeiten.

224 Seiten, durchg.farbig, broschiert
ISBN 978-3-89845-406-3
€ [D] 19,95

Franziska Krattinger

Machtworte
Was Worte machen können

Dass sich mit dem richtigen Wort zur rechten Zeit jede Situation verändern lässt, je nachdem, welche Energie mit diesem Wort in die entsprechende Situation strömt, haben schon viele Menschen selbst erfahren. Schaltworte, Kraftworte – die Autorin stellt in diesem Buch 72 solcher Worte mit magischer Wirkung vor und führt uns gleichzeitig eindrucksvoll die Macht des Wortes vor... Denn eines dieser magischen Worte genügt schon, um einen unterbrochenen energetischen Fluss wieder zum Fließen zu bringen – und so alles wieder in die richtige Bahn zu lenken!

256 Seiten, broschiert
ISBN 978-3-89845-232-8
€ [D] 12,90

Christian Scheurer

Wünsche wirklich wollen
Mythos und Praxis

Das Schlüsselbuch zur Wunscherfüllung
Wir alle haben Wünsche, die wir gerne erfüllt sehen würden. Doch die wenigsten von uns bekommen, was sie beim Universum bestellt haben. Erfolgscoach Christian Scheurer geht in diesem Buch auf die Nichterfüllung von Wünschen ein und zeigt, welche Elemente der Verwirklichung unserer Wünsche im Weg stehen. Auf einzigartig lockere Art und Weise zeigt er, wie jeder das Kunststück hinbekommt, diese Hindernisse auszuräumen – wenn er es nur richtig angeht.

184 Seiten, broschiert
ISBN 978-3-89845-446-9
€ [D] 12,95

240 Seiten, broschiert
ISBN 978-3-89845-502-2
€ [D] 16,95

Maria G. Baier-D'Orazio

Vom Vergnügen älter zu werden
Fit, frech, fröhlich, frei das Leben genießen

Fit, frech, fröhlich, frei in jedem Alter – das ist kein Traum. Denn ein lebendiges Alter ist möglich – und auch Sie können das erreichen.

Dieses Buch hilft Ihnen dabei, mit Leidenschaft Ihr Älterwerden zu gestalten, hinderliche Denkmuster zum Alter abzubauen und daran zu glauben, dass Älterwerden ganz anders gehen kann. Legen Sie los und freuen Sie sich auf ein spannendes, authentisches Leben!

248 Seiten, gebunden
ISBN 978-3-89845-318-9
€ [D] 19,90

Gerald Jampolsky & Diane Cirincione

Was uns das Leben lehrt
Inspirierende Lebensgeschichten die unser Innerstes berühren

Gerald Jampolsky und Diane Cirincione vermitteln spirituelle Weisheiten durch die Kunst des Geschichtenerzählens. Egal, um welches Thema es geht – Angst, familiäre Wurzeln, das Heilen des Körpers oder unsere Ansichten zu Leben und Tod –, in diesen berührenden Geschichten teilen die Autoren ihre spirituellen Erfahrungen mit uns und regen dazu an, dem eigenen Weg zu folgen.

448 Seiten, Klappenbr.
ISBN 978-3-89845-317-2
€ [D] 19,90

Fred Matser

Für eine Welt mit Herz
Ein Findhorn-Buch

Fred Matser hat es sich zum Ziel gesetzt, mit Inspiration und Hilfe zur Selbsthilfe eine funktionalere Gesellschaft zu erschaffen. Wie er diese Gesellschaft sowohl spirituell als auch praktisch versteht, erläutert Matser an dem von vielen Menschen als problematisch empfundenen Status quo der Welt. So stellt der Autor sieben Prinzipien vor, die helfen, einen Wandel in uns selbst und in der Welt herbeizuführen.

Dieses Buch ist eine inspirierende Ideenquelle und lädt den Leser dazu ein, gemeinsam mit anderen eine bessere Welt zu schaffen.